KAISER AUGUSTUS
MEINE TATEN =
DAS MONUMENTUM
ANCYRANUM IN
LATEINISCHER-
GRIECHISCHER
UND DEUTSCHER
SPRACHE · HER-
AUSGEGEBEN VON
DR. F. GOTTANKA
MIT VIER TAFELN
HEIMERAN VERLAG
MÜNCHEN · MCMXLIV

3. Auflage. 8.—11. Tausend.
Druck von H. Laupp jr, Tübingen

ZUR WÜRDIGUNG UND GESCHICHTE DES MONUMENTUM ANCYRANUM

Zur Wende unserer Zeitrechnung begegnet uns ein Schriftwerk, das man mit Recht betiteln kann: „Meine Taten". Es ist dies der Bericht des römischen Kaisers Augustus über die Ehrungen, die ihm von Senat und Volk zuerkannt wurden, über seine Taten und über seine Aufwendungen, die er für den Staat und das römische Volk machte. Zwar ist uns die Urschrift dieses Berichtes nicht erhalten, aber nach dem letzten Willen des Princeps sollte er vor dem Mausoleum Augusti, das auf dem Marsfeld in Rom zwischen der Flaminischen Straße und dem Tiberflusse lag, dem Volke zugänglich gemacht werden. Das geschah in der Regierungszeit seines Nachfolgers Tiberius, indem des Augustus Bericht auf zwei mit Bronzeplatten bekleideten Pfeilern dem Volke vor Augen gestellt wurde. Aber auch von diesen ist bei den seit dem Jahre 1926 betriebenen Ausgrabungen keine Spur zutage gekommen.

Von dem denkwürdigen Bericht wurden schon frühzeitig Kopien nach den östlichen Gebieten des Römerreiches geschickt, wo die Verehrung der Göttin Roma und des Gott gewordenen Augustus besonders in Schwung gekommen war. In Ancyra, dem heutigen Ankara, wurde der Bericht des Augustus in den beiden Innenwänden des Pronaos des zu einem Tempel der Roma und des Augustus umgewandelten Mentempels (Mondgott) auf den Marmorquadern in lateinischer Sprache eingegraben, während an der Außenseite des Tempels derselbe Bericht in griechischer Sprache des Augustus Ehre und Größe verkündete. Die lateinische Fassung des Denkmals hat 6 Kolumnen zu

43—54 Zeilen, drei zur linken mit der dreizeiligen, durch besonders große Buchstaben hervorgehobenen Überschrift, und drei zur Rechten.

Neben der vornehmen Hauptstadt Galatiens besaß Apollonia in Phrygien das gleiche Denkmal in griechischer Übersetzung, während Ausgrabungen in Antiochia in Pisidien nur Bruchstücke der lateinischen Fassung brachten.

Aus diesen Denkmälern des Ostens ist es uns heutzutage möglich geworden, den Wortlaut des kaiserlichen Berichtes mit ziemlicher Sicherheit festzustellen, und dazu bildete das sogenannte Monumentum Ancyranum die vornehmlichste Quelle.

Über den Zweck dieses einzigartigen Schriftdenkmals sind im Laufe der Zeit die verschiedensten Ansichten lautbar geworden. O. Hirschfeld nennt es ein politisches Testament, Wölfflin ein Rechnungsbuch, Wilamowitz eine Rechtfertigung der Apotheose, Nissen und Peter eine Grabschrift, Mommsen einen politischen Rechenschaftsbericht und schließlich kommt Weber (Princeps I, S. 94) in neuester Zeit zu der These: „Der Bericht über die res gestae des Toten ist zugleich der Mythos vom neuen Gott." „Indem Augustus", bemerkt Weber a. a. O. S. 105, „den Stoff auswählte, ordnete, im Einzelnen wie zum Ganzen formte, schuf er ein Selbstbildnis von eigenem Reiz, dem ob seiner Knappheit, Schlichtheit, Klarheit und Wucht kein ähnliches zur Seite gestellt werden kann. Der ursprünglich schüchterne, meist kränkliche Jüngling Oktavianus wird zum Führer des römischen Volkes, zum „Retter der Gemeinschaft, zum Erhabenen (Augustus) und Pater Patriae (Vater des Vaterlandes)".

Die erste Abschrift des Monumentum Ancyranum wurde bereits im Jahre 1555 durch die Begleiter Busbecks (Gesandter des deutschen Kaisers Ferdinand I.) hergestellt. Zur gleichen Zeit lieferte Hans Dernschwam, ein Angestellter des Hauses Fugger, in seinem Tagebuch eine anschauliche Skizze der Augustus-Inschrift von Ancyra. Durch die französischen Architekten E. Guillaume und G. Perrot gewann man im Jahre 1861 genauere Kenntnis des Tempels in Ancyra, aber erst durch die im Jahre 1882 im Auftrage der Preußischen Akademie der Wissenschaften von Carl Humann hergestellten Gipsabgüsse der Inschrift war es Th. Mommsen ermöglicht, im Jahre 1883 die grundlegende zweite Ausgabe der Res gestae Divi Augusti herauszugeben, die die Grundlage für alle nachfolgenden Ausgaben und zahlreichen sachlichen und sprachlichen Arbeiten über diese „Königin der Inschriften" bildete.

Neuen Aufschwung gewannen die Studien über das Monumentum Ancyranum durch die Auffindung von Bruchstücken eines gleichen lateinischen Denkmals im pisidischen Antiochia im Jahre 1914, die durch weitere Grabungen ab 1924 bereichert wurden. Auf Grund dieser veröffentlichten William Mitschell Ramsay und Anton von Premerstein eine ebenso grundlegende Ausgabe des Monumentum Antiochenum im Jahre 1927, durch die zahlreiche noch bestehende Lücken im Ancyranum ergänzt und Zweifel behoben werden konnten.

Wie Weber S. 226 ausführt, zeugen die res gestae von den Anschauungen und Absichten, von der formalen Kraft, vom Geist und vom Wesen ihres Schöpfers. Diese einem größeren Leserkreis durch Gegenüberstellung des lateinischen Textes und der deutschen Übertragung zugänglich zu machen, ist die Absicht der vorgelegten Arbeit.

Der beigefügte griechische Text wird manchem Interessenten zur Vergleichung willkommen sein.

RERUM GESTARUM DIVI AUGUSTI, QUIBUS OR-
BEM TERRARUM IMPERIO POPULI ROM. SUB-
IECIT, ET INPENSARUM, QUAS IN REM PUBLI-
CAM POPULUMQUE ROMANUM FECIT, INCISARUM
IN DUABUS AHENEIS PILIS, QUAE SUNT ROMAE
POSITAE, EXEMPLAR SUBIECTUM.

1. Annos undeviginti natus exercitum privato
consilio et privata impensa comparavi, per quem
rem publicam a dominatione factionis oppressam
in libertatem vindicavi. Eo nomine senatus de-
cretis honorificis in ordinem suum me adlegit
C. Pansa et A. Hirtio consulibus consularem locum sententiae dicendae dans et imperium mihi
dedit. Res publica ne quid detrimenti caperet, me
pro praetore simul cum consulibus providere iussit. Populus autem eodem anno me consulem,
cum cos. uterque in bello cecidisset, et triumvirum rei publicae constituendae creavit.

UNTEN ANGEFÜGTE ABSCHRIFT DER TATEN DES GOTT GEWORDENEN AUGUSTUS, DURCH DIE ER DEN ERDKREIS DER BEFEHLSGEWALT DES RÖMISCHEN VOLKES UNTERWARF, UND DER AUFWENDUNGEN, DIE ER FÜR DEN STAAT UND DAS RÖMISCHE VOLK MACHTE, WIE SIE AUF ZWEI EHERNEN IN ROM AUFGESTELLTEN PFEILERN EINGEGRABEN SIND.

1. Im Alter von 19 Jahren brachte ich aus eigenem Entschluß und mit eigenen Mitteln ein Heer auf, mit dessen Hilfe ich den unterdrückten Staat von der Gewaltherrschaft einer Partei in die Freiheit versetzte. Aus diesem Grunde nahm mich der Senat durch Ehrenbeschlüsse in seine Reihe auf unter dem Konsulate des Gaius Pansa und Aulus Hirtius, indem er konsularischen Rang mit Stimmrecht verlieh, und gab mir den militärischen Oberbefehl. Daß der Staat keinen Schaden erleide, dafür hieß er mich als Proprätor zusammen mit den Konsuln Sorge tragen. Das Volk aber wählte mich im nämlichen Jahre, da beide Konsuln im Kriege gefallen waren, zum Konsul und zum Triumvir zur Ordnung des Staates.

2. Qui parentem meum necaverunt, eos in exilium expuli iudiciis legitimis ultus eorum facinus. Et postea bellum inferentis rei publicae vici bis acie.

3. Bella terra et mari civilia externaque toto in orbe terrarum saepe gessi victorque omnibus veniam petentibus civibus peperci. Externas gentes, quibus tuto ignosci potuit, conservare quam excidere malui. Millia civium Romanorum sub sacramento meo fuerunt circiter quingenta. Ex quibus deduxi in colonias aut remisi in municipia sua stipendis emeritis millia aliquanto plura quam trecenta et iis omnibus agros adsignavi aut pecuniam pro praemiis militiae dedi. Naves cepi sescentas praeter eas, si quae minores quam triremes fuerunt.

4. Bis ovans triumphavi et tris egi curulis triumphos et appellatus sum viciens et semel imperator. Decernente pluris triumphos mihi senatu quater iis supersedi. Laurum de fascibus deposui, in Capitolio votis, quae quoque bello nuncupaveram, solutis. Ob res a me aut per legatos meos

2. Die Mörder meines Vaters trieb ich in die Verbannung, nachdem ich ihre Untat durch gesetzmäßige Urteilssprüche geahndet hatte. Und als sie später Krieg gegen den Staat entfesselten, besiegte ich sie zweimal in der Schlacht.

3. Kriege gegen Bürger zu Wasser und zu Land und auswärtige habe ich auf dem ganzen Erdkreis oftmals geführt und als Sieger alle Bürger, die Verzeihung heischten, geschont. Auswärtige Völker, denen man mit Sicherheit verzeihen konnte, wollte ich lieber erhalten als ausrotten. Ungefähr 500 000 römische Bürger standen unter meinem Fahneneid. Von ihnen habe ich ein gut Teil mehr als 300 000 am Ende ihrer Dienstzeit in Kolonien angesiedelt oder in ihre Municipien zurückgeschickt und habe ihnen allen Äcker angewiesen oder Geld als Belohnungen für den Kriegsdienst gegeben. Schiffe erbeutete ich 600, abgesehen von denen, die etwa kleiner als Dreiruderer waren.

4. Zweimal habe ich den kleinen Triumph gefeiert, drei Triumphzüge habe ich zu Wagen gehalten und einundzwanzigmal bin ich als Imperator begrüßt worden. Als der Senat noch mehr Triumphe für mich beschloß, habe ich viermal auf sie verzichtet. Den Lorbeer legte ich von den

auspicis meis terra marique prospere gestas quinquagiens et quinquiens decrevit senatus supplicandum esse dis immortalibus. Dies autem, per quos ex senatus consulto supplicatum est, fuere DCCCXC. In triumphis meis ducti sunt ante currum meum reges aut regum liberi novem. Consul fueram terdeciens, cum scripsi haec, et eram septimum et trigensimum tribuniciae potestatis.

5. Dictaturam et apsenti et praesenti mihi delatam et a populo et a senatu M. Marcello et L. Arruntio cos. non recepi. Non sum deprecatus in summa frumenti penuria curationem annonae, quam ita administravi, ut intra dies paucos metu et periclo praesenti civitatem universam liberarem impensa et cura mea. Consulatum quoque tum annuum et perpetuum mihi delatum non recepi.

Rutenbündeln ab, wenn auf dem Kapitol die Gelübde erfüllt waren, die ich in jedem Kriege feierlich ausgesprochen hatte. Wegen der von mir oder durch meine Unterfeldherrn unter meinem Oberbefehl zu Wasser und zu Land glücklich vollbrachten Taten beschloß der Senat fünfundfünfzigmal den unsterblichen Göttern Dankfeste abzuhalten. Der Tage aber, an denen nach Senatsbeschluß Dankgebete verrichtet wurden, waren es 890. Bei meinen Triumphen wurden vor meinem Wagen neun Könige oder Königskinder geführt. Konsul war ich dreizehnmal gewesen, als ich dies schrieb, und stand im 37. Jahre der tribunicischen Gewalt.

5. Die Diktatur, die mir in meiner Abwesenheit und in meiner Gegenwart sowohl vom Volke als auch vom Senate unter dem Konsulat des Marcus Marcellus und des Lucius Arruntius übertragen wurde, nahm ich nicht an. Nicht abgelehnt habe ich bei einer sehr empfindlichen Getreideknappheit die Besorgung des Getreidemarktes, die ich also verwaltete, daß ich innerhalb weniger Tage von augenblicklicher Furcht und Gefahr die gesamte Bürgerschaft durch meine Aufwendung und Fürsorge befreite. Auch das Konsulat, das mir damals als jährliches und lebenslängliches übertragen wurde, nahm ich nicht an.

6. Consulibus M. Vinucio et Q. Lucretio et postea P. Lentulo et Cn. Lentulo et tertium Paullo Fabio Maximo et Q. Tuberone senatu populoque Romano consentientibus, ut curator legum et morum summa potestate solus crearer, nullum magistratum contra morem maiorum delatum recepi. Quae tum per me fieri senatus voluit, per tribuniciam potestatem perfeci. Cuius potestatis conlegam et ipse ultro quinquiens a senatu depoposci et accepi.

7. Triumvirum rei publicae constituendae fui per continuos annos decem. Princeps senatus fui usque ad eum diem, quo scripseram haec, per annos quadraginta. Pontifex maximus, augur, XVvirum sacris faciundis, septemvirum epulonum, frater arvalis, sodalis Titius, fetialis fui.

6. Unter dem Konsulat des Marcus Vinucius und Quintus Lucretius und hernach unter dem des Publius und Gnaeus Lentulus und zum drittenmal unter dem des Paullus Fabius Maximus und Quintus Tubero sollte ich nach übereinstimmendem Beschluß des Senates und des römischen Volkes zum alleinigen Hüter der Gesetze und Sitten mit höchster Machtvollkommenheit gewählt werden; aber kein Amt habe ich angenommen, das mir gegen den Brauch der Vorfahren übertragen wurde. Was damals durch mich der Senat besorgt wissen wollte, habe ich kraft der tribunicischen Gewalt vollführt. Für diese Amtsgewalt habe ich auch selbst aus freiem Entschluß fünfmal vom Senat einen Amtsgenossen gefordert und erhalten.

7. Mitglied des Triumvirates zur Ordnung des Staates bin ich 10 zusammenhängende Jahre hindurch gewesen. Erster des Senates war ich bis zu dem Tag, an dem ich dies geschrieben hatte, 40 Jahre lang. Ich war Pontifex Maximus, Augur, Mitglied der 15 Männer zur Besorgung der heiligen Gebräuche, der 7 Männer zur Veranstaltung der Göttermahlzeiten, der arvalischen Brüderschaft, der Priesterschaft der Titii und Fetiale.

8. Patriciorum numerum auxi consul quintum iussu populi et senatus. Senatum ter legi et in consulatu sexto censum populi conlega M. Agrippa egi. Lustrum post annum alterum et quadragensimum feci. Quo lustro civium Romanorum censa sunt capita quadragiens centum millia et sexaginta tria millia. Tum iterum consulari cum imperio lustrum solus feci C. Censorino et C. Asinio cos. Quo lustro censa sunt civium Romanorum capita quadragiens centum millia et ducenta triginta tria millia. Et tertium consulari cum imperio lustrum conlega Tib. Caesare filio meo feci Sex. Pompeio et Sex. Appuleio cos. Quo lustro censa sunt civium Romanorum capitum quadragiens centum millia et nongenta triginta et septem millia. Legibus novis me auctore latis multa exempla maiorum exolescentia iam ex nostro saeculo reduxi et ipse multarum rerum exempla imitanda posteris tradidi.

DER KAISER

München, Glyptothek. Phot. F. Bruckmann, München

DIE TEMPELRUINE VON ANKARA

Nach Schede und Schultz: Ankara und Augustus. 1937

8. Die Zahl der Patrizier habe ich in meinem 5. Konsulat auf Geheiß des Volkes und des Senates vermehrt. Den Senat habe ich dreimal auserlesen und in meinem 6. Konsulat eine Schätzung des Volkes mit Marcus Agrippa als Amtsgenossen abgehalten. Ein Reinigungsopfer habe ich nach 41 Jahren veranstaltet. Dabei wurde die Kopfzahl der römischen Bürger auf 4 063 000 geschätzt. Dann hielt ich zum zweitenmal auf Grund meiner konsularischen Gewalt allein ein Lustrum ab unter dem Konsulat des Gaius Censorinus und Gaius Asinius. Dabei wurde die Kopfzahl der römischen Bürger auf 4 233 000 geschätzt. Und zum drittenmal hielt ich kraft der konsularischen Gewalt mit meinem Sohne Tiberius Caesar als Amtsgenossen ein Lustrum ab unter dem Konsulate des Sextus Pompeius und Sextus Appuleius. Dabei betrug die Kopfzahl der römischen Bürger nach der Schätzung 4 937 000. Durch neue, auf meine Veranlassung eingebrachte Gesetze, habe ich zahlreiche vorbildliche Sitten der Vorfahren, die schon aus unserem Jahrhundert schwanden, wieder eingeführt und selbst für viele Dinge nachahmenswerte Beispiele der Nachwelt überliefert.

9. Vota pro valetudine mea suscipere per consules et sacerdotes quinto quoque anno senatus decrevit. Ex iis votis saepe fecerunt vivo me ludos aliquotiens sacerdotum quattuor amplissima collegia aliquotiens consules. Privatim etiam et municipatim universi cives concorditer continenter apud omnia pulvinaria pro valetudine mea supplicaverunt.

10. Nomen meum senatus consulto inclusum est in saliare carmen, et sacrosanctus in perpetuum ut essem et, quoad viverem, tribunicia potestas mihi esset, lege statutum est. Pontifex maximus ne fierem in vivi conlegae mei locum, populo id sacerdotium deferente mihi, quod pater meus habuerat, recusavi. Quod sacerdotium aliquod (= aliquot) post annos eo mortuo demum, qui id tumultus occasione occupaverat, cuncta ex Italia ad comitia mea confluente multitudine, quanta Romae nunquam ante id tempus fuisse fertur, recepi P. Sulpicio C. Valgio consulibus.

9. Gelübde für mein Wohlergehen beschloß der Senat in jedem fünften Jahre durch die Konsuln und Priester darzubringen. Auf Grund dieser Gelübde haben oftmals zu meinen Lebzeiten zuweilen die vier angesehensten Priesterkollegien, zuweilen die Konsuln Spiele veranstaltet. Auch privatim und gemeindeweise haben sämtliche Bürger in Eintracht fortgesetzt in allen Tempeln für mein Wohlergehen Bittfeiern abgehalten.

10. Mein Name wurde auf Senatsbeschluß in das Salierlied eingefügt und durch Gesetz wurde festgelegt, daß ich für ewig unverletzlich sein und auf Lebenszeit die tribunicische Amtsgewalt besitzen solle. Pontifex Maximus wollte ich zu Lebzeiten meines Amtsgenossen nicht werden; als daher das Volk dieses Priesteramt, das mein Vater innegehabt hatte, mir übertrug, habe ich es abgelehnt. Dieses Priesteramt aber habe ich einige Jahre später erst nach dem Tode des Mannes, der es sich bei Gelegenheit eines Aufruhrs angeeignet hatte, angenommen unter dem Konsulate des Publius Sulpicius und Gaius Valgius, als aus ganz Italien zu meiner Wahl eine Menge zusammenströmte so groß, wie sie in Rom niemals vor dieser Zeit gewesen sein soll.

11. Aram Fortunae Reducis ante aedes Honoris et Virtutis ad portam Capenam pro reditu meo senatus consacravit, in qua pontifices et virgines Vestales anniversarium sacrificium facere iussit eo die, quo consulibus Q. Lucretio et M. Vinucio in urbem ex Syria redieram, et diem Augustalia ex cognomine nostro appellavit.

12. Senatus consulto eodem tempore pars praetorum et tribunorum plebi cum consule Q. Lucretio et principibus viris obviam mihi missa est in Campaniam, qui honos ad hoc tempus nemini praeter me est decretus. Cum ex Hispania Galliaque rebus in iis provincis prospere gestis Romam redi Tib. Nerone P. Quintilio consulibus, aram Pacis Augustae senatus pro reditu meo consacrandam censuit ad campum Martium, in qua magistratus et sacerdotes virginesque Vestales anniversarium sacrificium facere iussit.

11. Den Altar der Fortuna Redux vor den Tempeln des Honos und der Virtus beim Capenischen Tor weihte der Senat für meine Rückkehr; auf ihm sollten die Pontifices und die Vestalischen Jungfrauen nach seinem Befehl ein jährliches Opfer an dem Tage darbringen, an dem ich unter dem Konsulate des Quintus Lucretius und des Marcus Vinucius in die Hauptstadt aus Syrien zurückgekehrt war, und er nannte den Tag Augustalien nach meinem Beinamen.

12. Auf Grund eines Senatsbeschlusses wurde zur selben Zeit ein Teil der Praetoren und Volkstribunen mit dem Konsul Quintus Lucretius und den ersten Männern mir nach Campanien entgegengeschickt, eine Ehre, die bis auf die heutige Zeit niemanden außer mir zuerkannt worden ist. Als ich aus Spanien und Gallien nach glücklich vollbrachten Taten in diesen Provinzen unter dem Konsulate des Tiberius Nero und des Publius Quintilius nach Rom zurückkehrte, da beantragte der Senat, den Altar des „Augustus-Friedens" beim Marsfeld für meine Rückkehr zu weihen; auf ihm sollten die Behörden, die Priester und die Vestalischen Jungfrauen nach seinem Befehl ein jährliches Opfer darbringen.

13. Ianum Quirinum, quem claussum esse maiores
nostri voluerunt, cum per totum imperium populi
Romani terra marique esset parta victoriis pax,
cum prius, quam nascerer, a condita urbe bis om-
nino clausum fuisse prodatur memoriae, ter me
principe senatus claudendum esse censuit.

14. Filios meos, quos iuvenes mihi eripuit fortuna,
Gaium et Lucium Caesares honoris mei caussa
senatus populusque Romanus annum quintum et
decimum agentis consules designavit, ut eum magistratum inirent post quinquennium. Et ex eo
die, quo deducti sunt in forum, ut interessent con-
siliis publicis decrevit senatus. Equites autem
Romani universi principem iuventutis utrumque
eorum parmis et hastis argenteis donatum appel-
laverunt.

15. Plebei Romanae viritim HS trecenos numeravi ex testamento patris mei et nomine meo HS
quadringenos ex bellorum manibiis consul quintum dedi, iterum autem in consulatu decimo ex

13. Das Janus Quirinus-Tor, das nach dem Willen unserer Vorfahren geschlossen sein sollte, wenn im ganzen Machtbereich des römischen Volkes zu Wasser und zu Land durch Siege errungener Friede herrschte, beantragte der Senat, in meinem Principat dreimal zu schließen, während es vor meiner Geburt seit Gründung der Stadt überhaupt nur zweimal nach der Überlieferung geschlossen gewesen war.

14. Meine Söhne Gaius und Lucius Caesar, die in ihrem Jünglingsalter mir das Schicksal entrissen hat, bestimmten mir zu Ehren der Senat und das römische Volk in ihrem 15. Lebensjahre zu Konsuln, auf daß sie dieses Amt nach einem Zeitraum von 5 Jahren antreten sollten. Ferner beschloß der Senat, sie sollten von dem Tage ihrer Einführung auf das Forum an den öffentlichen Beratungen teilnehmen. Die gesamte römische Ritterschaft aber legte beiden den Namen „Erste der Jugend" bei und beschenkte sie mit silbernen Schilden und Lanzen.

15. Der römischen Plebs habe ich Mann für Mann 300 Sesterzen gemäß dem Vermächtnis meines Vaters ausbezahlt und in meinem Namen 400 Sesterzen aus der Kriegsbeute während meines

patrimonio meo HS quadringenos congiari viritim
pernumeravi, et consul undecimum duodecim fru-
mentationes frumento privatim coempto emensus
sum, et tribunicia potestate duodecimum quadringenos nummos tertium viritim dedi. Quae
mea congiaria pervenerunt ad hominum millia
nunquam minus quinquaginta et ducenta. Tribuniciae potestatis duodevicensimum, consul XII
trecentis et viginti millibus plebis urbanae sexagenos denarios viritim dedi. Et colonis militum
meorum consul quintum ex manibiis viritim millia nummum singula dedi; acceperunt id trium-
phale congiarium in colonis hominum circiter centum et viginti millia. Consul tertium decimum
sexagenos denarios plebei, quae tum frumentum
publicum accipiebat, dedi; ea millia hominum
paullo plura quam ducenta fuerunt.

16. Pecuniam pro agris, quos in consulatu meo
quarto et postea consulibus M. Crasso et Cn. Lentulo augure adsignavi militibus, solvi municipis.
Ea summa sestertium circiter sexsiens milliens

5. Konsulates gegeben; zum zweitenmal aber habe ich in meinem 10. Konsulate aus meinem Vätergute 400 Sesterzen Spende Mann für Mann ausbezahlt; ferner habe ich in meinem 11. Konsulate 12 Getreidespenden ausgeteilt, nachdem ich das Getreide aus eigenen Mitteln zusammengekauft hatte. Und als ich zum zwölftenmal die tribunicische Gewalt innehatte, habe ich 400 Sesterzen zum drittenmal Mann für Mann gegeben. Diese meine Spenden kamen niemals weniger als 250 000 Menschen zugute. Im 18. Jahre meiner tribunicischen Gewalt, als ich zum 12. Mal Konsul war, habe ich 320 000 Angehörigen der städtischen Plebs 60 Denare Mann für Mann gegeben. Ferner gab ich den Ansiedlern meiner Soldaten in meinem 5. Konsulate aus der Kriegsbeute Mann für Mann 1000 Sesterzen; es empfingen diese Triumphspende in den Kolonien ungefähr 120 000 Mann. In meinem 13. Konsulate gab ich 60 Denare dem Volk, das damals öffentliches Getreide empfing; es waren das etwas mehr als 200 000 Menschen.

16. Geld habe ich für die Ländereien, die ich in meinem vierten Konsulate und später unter dem Konsulate des Marcus Crassus und des Augurs Gnaeus Lentulus den Soldaten angewiesen habe,

fuit, quam pro Italicis praedis numeravi, et circiter bis milliens et sescentiens, quod pro agris provincialibus solvi. Id primus et solus omnium, qui deduxerunt colonias militum in Italia aut in provincis, ad memoriam aetatis meae feci. Et postea Ti. Nerone et Cn. Pisone consulibus, itemque C. Antistio et D. Laelio cos., et C. Calvisio et L. Pasieno consulibus, et L. Lentulo et M. Messalla consulibus, et L. Caninio et Q. Fabricio cos. militibus, quos emeriteis stipendis in sua municipia deduxi, praemia numerato persolvi, quam in rem sestertium quater milliens circiter impendi.

17. Quater pecunia mea iuvi aerarium ita, ut sestertium milliens et quingentiens ad eos, qui praeerant aerario, detulerim. Et M. Lepido et L. Arruntio cos. in aerarium militare, quod ex consilio meo constitutum est, ex quo praemia darentur militibus, qui vicena aut plura stipendia emeruissent, HS milliens et septingentiens ex patrimonio meo detuli.

an die Municipien bezahlt. Die Summe, die ich
für italische Grundstücke bezahlte, betrug ungefähr 600 Millionen Sesterzen und ungefähr 260
Millionen, was ich für Ländereien in den Provinzen bezahlte. Dies habe ich bis auf meine Zeit als
erster und einziger von allen, die Militärkolonien
in Italien oder in den Provinzen gründeten, ge-
tan. Und später unter dem Konsulate des Tiberius Nero und Gnaeus Piso, desgleichen unter dem
Konsulate des Gaius Antistius und Decimus Laelius, ferner unter dem des Gaius Calvisius und
Lucius Pasienus, sowie unter dem des Lucius Lentulus und Marcus Messalla und unter dem Konsulate des Lucius Caninius und Quintus Fabricius
habe ich den Soldaten, die ich nach abgeleisteter
Dienstzeit in ihre Gemeinden geleitete, ihre Belohnungen in barem Gelde ausbezahlt, wofür ich ungefähr 400 Millionen Sesterzen aufgewendet habe.

17. Viermal unterstützte ich mit meinem Vermögen die Staatskasse in der Weise, daß ich
150 Millionen Sesterzen an die Vorsteher der
Kasse ablieferte. Und unter dem Konsulate des
Marcus Lepidus und Lucius Arruntius habe ich
an die Militärkasse, die auf meinen Entschluß hin
errichtet wurde, um aus ihr den Soldaten mit
20jähriger oder noch längerer Dienstzeit Beloh-

18. Ab eo anno, quo Cn. et P. Lentuli consules fuerunt, cum deficerent vectigalia, tum centum millibus hominum tum pluribus multo frumentarios et nummarios tributus ex horreo et patrimonio meo edidi.

19. Curiam et continens ei Chalcidicum templumque Apollinis in Palatio cum porticibus, aedem divi Iuli, Lupercal, porticum ad circum Flaminium, quam sum appellari passus ex nomine eius, qui priorem eodem in solo fecerat, Octaviam, pulvinar ad circum maximum, aedes in Capitolio Iovis Feretri et Iovis Tonantis, aedem Quirini, aedes Minervae et Iunonis Reginae et Iovis Libertatis in Aventino, aedem Larum in summa sacra via, aedem deum Penatium in Velia, aedem Iuventatis, aedem Matris Magnae in Palatio feci.

nungen zu geben, 170 Millionen Sesterzen aus meinem väterlichen Erbgut überwiesen.

18. Seit dem Konsulatsjahr des Gnaeus und Publius Lentulus gewährte ich, da die Staatseinkünfte nicht mehr ausreichten, bald 100 000, bald noch viel mehr Menschen Beisteuern an Getreide und Geld aus meinem Speicher und aus meinem väterlichen Vermögen.

19. Die Curie und das mit ihr zusammenhängende Chalcidicum nebst dem Tempel des Apollo auf dem palatinischen Berge mit den Säulenhallen, den Tempel des Gott gewordenen Julius, das Lupercal, die Säulenhalle beim Circus Flaminius, die ich die octavische nach dem Namen dessen zu nennen gestattete, der die frühere auf derselben Stelle erbaut hatte, das Pulvinar beim Circus Maximus, die Tempel des Jupiter Feretrius und des Jupiter Tonans auf dem Kapitol, den Tempel des Quirinus, die Tempel der Minerva und der Königin Juno sowie des Jupiter der Freiheit auf dem Aventin, den Tempel der Laren auf dem höchsten Punkte der Heiligen Straße, den Tempel der Penaten in der Velia, den Tempel der Juventas, den Tempel der Großen Mutter auf dem palatinischen Berge – dies alles habe ich neu erbaut.

20. Capitolium et Pompeium theatrum utrumque opus impensa grandi refeci sine ulla inscriptione nominis mei. Rivos aquarum compluribus locis vetustate labentes refeci, et aquam, quae Marcia appellatur, duplicavi fonte novo in rivum eius inmisso. Forum Iulium et basilicam, quae fuit inter aedem Castoris et aedem Saturni, coepta profligataque opera a patre meo, perfeci et eandem basilicam consumptam incendio ampliato eius solo sub titulo nominis filiorum meorum incohavi et, si vivus non perfecissem, perfici ab heredibus meis iussi. Duo et octoginta templa deum in urbe consul sextum ex auctoritate senatus refeci nullo praetermisso, quod eo tempore refici debebat. Consul septimum viam Flaminiam ab urbe Ariminum pontesque omnes praeter Mulvium et Minucium refeci.

20. Das Kapitol und das Theater des Pompeius ließ ich beide mit großem Aufwand wiederherstellen ohne jegliche Aufschrift meines Namens. Die Wasserleitungen, die an mehreren Stellen infolge ihres Alters verfielen, habe ich wiederhergestellt, und die sogenannte Aqua Marcia verdoppelte ich in ihrer Leistung dadurch, daß ich eine neue Quelle in ihr Gerinne leitete. Das Forum Julium und die Basilika, die zwischen dem Tempel des Castor und dem Tempel des Saturn gelegen war, zwei von meinem Vater begonnene und fast zu Ende geführte Bauten, habe ich vollendet; und als die gleiche Basilika durch eine Feuersbrunst zerstört war, begann ich mit Erweiterung von dessen Grundfläche den Neubau unter der Namensaufschrift meiner Söhne und befahl, falls ich ihn zu meinen Lebzeiten nicht vollendet hätte, seine Vollendung durch meine Erben. 82 Göttertempel in der Hauptstadt habe ich in meinem 6. Konsulate mit Ermächtigung des Senates wiederhergestellt, wobei ich keinen überging, der in dieser Zeit der Wiederherstellung bedurfte. In meinem 7. Konsulat stellte ich die Flaminische Straße von der Hauptstadt bis Ariminum und alle Brücken abgesehen von der Mulvischen und der Minucischen wieder her.

31

21. In privato solo Martis ultoris templum forumque Augustum ex manibiis feci. Theatrum ad aedem Apollinis in solo magna ex parte a privatis empto feci, quod sub nomine M. Marcelli generi mei esset. Dona ex manibiis in Capitolio et in aede divi Iuli et in aede Apollinis et in aede Vestae et in templo Martis Ultoris consacravi, quae mihi constiterunt HS circiter milliens. Auri coronari pondo triginta et quinque millia municipiis et colonis Italiae conferentibus ad triumphos meos quintum consul remisi, et postea, quotienscumque imperator appellatus sum, aurum coronarium non accepi decernentibus municipiis et colonis aeque benigne adque (= atque) antea decreverant.

22. Ter munus gladiatorium dedi meo nomine et quinquiens filiorum meorum aut nepotum nomine, quibus muneribus depugnaverunt hominum circiter decem millia. Bis athletarum undique accitorum spectaclum populo praebui meo nomine et tertium nepotis mei nomine. Ludos feci meo nomine quater, aliorum autem magistratuum vi-

DER BEGINN DES LATEINISCHEN TEXTES

Nach Krencker und Schede: Der Tempel in Ankara. 1936

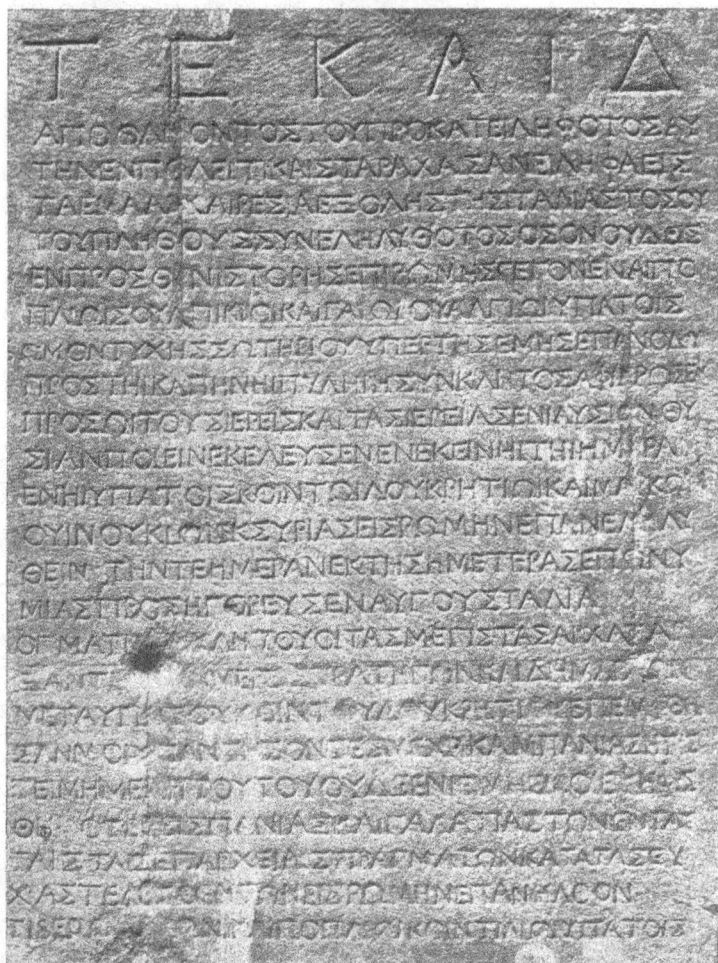

AUSSCHNITT AUS DEM GRIECHISCHEN TEXT

Nach Krencker und Schede: Der Tempel in Ankara. 1936

21. Auf eigenem Grund und Boden ließ ich den Tempel des rächenden Mars und das Augustusforum aus dem Beuteerlös erbauen. Das Theater beim Tempel des Apollo habe ich auf großenteils von Privaten gekauftem Grunde erbaut, das unter der Bezeichnung meines Schwiegersohnes Marcus Marcellus bestehen sollte. Geschenke aus der Kriegsbeute weihte ich auf dem Kapitol, im Tempel des Gott gewordenen Julius, in den Tempeln des Apollo, der Vesta und des Mars Ultor, die mir auf ungefähr 100 Millionen Sesterzen zu stehen kamen. An Kronengold schickte ich 35 000 Pfund, die die Municipien und Kolonien Italiens zu meinen Triumphen zusammenbrachten, in meinem 5. Konsulate zurück, auch später bei jeder Ausrufung zum Imperator nahm ich Kronengold nicht an, obwohl die Municipien und Kolonien es in gleicher Weise opferbereit zuerkannten, wie sie es auch früher zuerkannt hatten.

22. Dreimal habe ich ein Gladiatorenspiel in meinem eigenen Namen und fünfmal im Namen meiner Söhne oder Enkel gegeben; bei diesen Spielen kämpften ungefähr 10 000 Menschen. Zweimal bot ich ein Schauspiel von Ringkämpfern, die aus aller Welt herbeigerufen waren, dem Volke in meinem Namen und zum dritten Male im Namen

cem ter et viciens. Pro conlegio XV virorum magister conlegii collega M. Agrippa ludos saeclares C. Furnio C. Silano cos. feci. Consul XIII ludos Martiales primus feci, quos post id tempus deinceps insequentibus annis s. c. et lege fecerunt consules. Venationes bestiarum Africanarum meo nomine aut filiorum meorum et nepotum in circo aut in foro aut in amphitheatris populo dedi sexiens et viciens, quibus confecta sunt bestiarum circiter tria millia et quingentae.

23. Navalis proeli spectaclum populo dedi trans Tiberim, in quo loco nunc nemus est Caesarum, cavato solo in longitudinem mille et octingentos pedes, in latitudinem mille et ducentos. In quo triginta rostratae naves triremes aut biremes, plures autem minores inter se conflixerunt. Quibus in classibus pugnaverunt, praeter remiges millia hominum tria circiter.

meines Enkels. Spiele veranstaltete ich in meinem Namen viermal, an Stelle von anderen Beamten jedoch dreiundzwanzigmal. Für das Kollegium der 15 Männer veranstaltete ich als Vorsitzender des Kollegiums mit Marcus Agrippa als Amtsgenossen die Jahrhundertspiele unter dem Konsulat des Gaius Furnius und Gaius Silanus. In meinem 13. Konsulat hielt ich die Marsspiele als erster ab, die nachher der Reihe nach in den folgenden Jahren gemäß Senatsbeschluß und Gesetz die Konsuln durchführten. Jagden afrikanischer Tiere habe ich in meinem eigenen Namen oder in dem meiner Söhne und Enkel im Zirkus oder auf dem Forum oder in Amphitheatern dem Volke sechsundzwanzigmal gegeben, wobei ungefähr 3500 Tiere erlegt wurden.

23. Das Schauspiel einer Seeschlacht gab ich dem Volke jenseits des Tiber, wo jetzt der Hain der Caesaren liegt, indem ich den Boden in einer Länge von 1800 und in einer Breite von 1200 Fuß ausheben ließ. Dabei stritten dreißig mit Rammsporn versehene Drei- oder Zweiruderer, und ferner eine noch größere Anzahl kleinerer Schiffe miteinander. Auf diesen Flotten kämpften außer den Ruderern etwa 3000 Mann.

24. In templis omnium civitatium provinciae Asiae victor ornamenta reposui, quae spoliatis templis is, cum quo bellum gesseram, privatim possederat. Statuae meae pedestres et equestres et in quadrigeis argenteae steterunt in urbe XXC circiter, quas ipse sustuli exque ea pecunia dona aurea in aede Apollinis meo nomine et illorum, qui mihi statuarum honorem habuerunt, posui.

25. Mare pacavi a praedonibus. Eo bello servorum, qui fugerant a dominis suis et arma contra rem publicam ceperant, triginta fere millia capta dominis ad supplicium sumendum tradidi. Iuravit in mea verba tota Italia sponte sua et me belli, quo vici ad Actium, ducem depoposcit. Iuraverunt in eadem verba provinciae Galliae, Hispaniae, Africa, Sicilia, Sardinia. Qui sub signis meis tum militaverint, fuerunt senatores plures quam DCC, in iis, qui vel antea vel postea consules facti sunt ad eum diem, quo scripta sunt haec, LXXXIII, sacerdotes circiter CLXX.

24. In die Tempel aller Gemeinden der Provinz Asien stellte ich als Sieger die Kostbarkeiten wieder zurück, die der Mann, mit dem ich Krieg geführt hatte, durch Beraubung der Tempel in seinen persönlichen Besitz gebracht hatte. Silberne Statuen von mir zu Fuß, zu Pferd und auf Viergespannen standen in der Stadt ungefähr 80; diese ließ ich selbst entfernen und aus ihrem Erlös goldene Geschenke im Tempel des Apollo in meinem eigenen und im Namen derer aufstellen, die mir die Ehre der Statuen erwiesen haben.

25. Dem Meer habe ich die Ruhe vor den Seeräubern gegeben. In diesem Kriege habe ich an Sklaven, die ihren Herren entlaufen waren und die Waffen gegen den Staat ergriffen hatten, fast 30 000 gefangen und ihren Herren zur Bestrafung übergeben. Den Treueid leistete mir ganz Italien aus freiem Entschluß und forderte mich zum Führer in dem Kriege, in dem ich bei Aktium siegte. Es leisteten mir denselben Treueid die Provinzen Gallien, Spanien, Afrika, Sizilien und Sardinien. Unter denen, die unter meinen Feldzeichen damals Kriegsdienste taten, befanden sich mehr als 700 Senatoren, darunter 83, die entweder vorher oder nachher bis zu dem Tage, an welchem

26. Omnium provinciarum populi Romani, quibus finitimae fuerunt gentes, quae non parerent imperio nostro, fines auxi. Gallias et Hispanias provincias, item Germaniam, qua cingit oceanus a Gadibus ad ostium Albis fluminis, pacavi. Alpes a regione ea, quae proxima est Hadriano mari, usque ad Tuscum pacificavi nulli genti bello per iniuriam inlato. Classis mea per oceanum ab ostio Rheni ad solis orientis regionem usque ad fines Cimbrorum navigavit, quo neque terra neque mari quisquam Romanus ante id tempus adit, Cimbrique et Charydes et Semnones et eiusdem tractus alii Germanorum populi per legatos amicitiam meam et populi Romani petierunt. Meo iussu et auspicio ducti sunt duo exercitus eodem fere tempore in Aethiopiam et in Arabiam, quae appellatur eudaemon, maximaeque hostium gentis utriusque copiae caesae sunt in acie et complura oppida capta. In Aethiopiam usque ad oppidum Nabata perventum est, cui proxima est Meroe. In Arabiam usque in fines Sabaeorum processit exercitus ad oppidum Mariba.

dies geschrieben wurde, Konsuln geworden sind, und ungefähr 170 Priester.

26. Das Gebiet aller Provinzen des römischen Volkes, denen Völkerschaften benachbart waren, die unserer Herrschaft nicht gehorchen wollten, habe ich erweitert. Die Provinzen Gallien und Spanien, ebenso Germanien, soweit der Ozean sie umgürtet von Gades bis an die Mündung des Elbstroms, versetzte ich in den Zustand des Friedens. Die Alpen habe ich von der dem Adriatischen Meere zunächst liegenden Gegend bis zum Tuscischen Meer befriedet, wobei ich kein Volk zu Unrecht bekriegte. Meine Flotte segelte über den Ozean hin von der Rheinmündung zur östlichen Gegend bis zum Gebiete der Cimbern, wohin weder zu Land noch zur See irgendein Römer vor dieser Zeit kam; und die Cimbern wie die Haruden und Semnonen und andere germanische Völker des gleichen Landstriches erbaten durch Gesandte meine und des römischen Volkes Freundschaft. Auf meinen Befehl und unter meiner göttlichen Ermächtigung wurden zwei Heere fast gleichzeitig nach Äthiopien und nach dem sogenannten glücklichen Arabien geführt, gewaltige Massen von Feinden beider Völker in der Feldschlacht niedergehauen und meh-

27. Aegyptum imperio populi Romani adieci. Armeniam maiorem interfecto rege eius Artaxe cum possem facere provinciam, malui maiorum nostrorum exemplo regnum id Tigrani, regis Artavasdis filio, nepoti autem Tigranis regis, per Ti. Neronem tradere, qui tum mihi privignus erat. Et eandem gentem postea desciscentem et rebellantem domitam per Gaium filium meum regi Ariobarzani, regis Medorum Artabazi filio, regendam tradidi et post eius mortem filio eius Artavasdi. Quo interfecto Tigranem, qui erat ex regio genere Armeniorum oriundus, in id regnum misi. Provincias omnis, quae trans Hadrianum mare vergunt ad orientem, Cyrenasque, iam ex parte magna regibus ea possidentibus, et antea Siciliam et Sardiniam occupatas bello servili reciperavi.

rere feste Siedlungen genommen. In Äthiopien gelangte man bis zur Stadt Nabata, in deren nächster Nähe Meroe liegt. In Arabien stieß bis in das Gebiet der Sabäer das Heer zur Stadt Mariba vor.

27. Ägypten habe ich dem Reiche des römischen Volkes hinzugefügt. Als ich Großarmenien nach der Ermordung seines Königs Artaxes zur Provinz machen konnte, zog ich es vor, nach dem Vorbild unserer Vorfahren dieses Königreich dem Tigranes, dem Sohne des Königs Artavasdes und Enkel des Königs Tigranes, durch Tiberius Nero zu übergeben, der damals noch mein Stiefsohn war. Obwohl das gleiche Volk später abfiel und den Krieg wieder aufnahm und durch meinen Sohn Gaius gezähmt wurde, übergab ich es dem König Ariobarzanes, dem Sohne des Mederkönigs Artabazus, zur Regierung und nach seinem Tode dessen Sohn Artavasdes. Nach seiner Ermordung schickte ich den Tigranes, der aus dem königlichen Geschlechte der Armenier stammte, in dieses Königreich. Alle Provinzen, die sich jenseits des Adriatischen Meeres nach Osten erstrecken, sowie Kyrene, großenteils schon im Besitze von Königen, und vorher das im Sklavenkriege besetzte Sizilien und Sardinien habe ich wieder gewonnen.

41

28. Colonias in Africa, Sicilia, Macedonia, utraque Hispania, Achaia, Asia, Syria, Gallia Narbonensi, Pisidia militum deduxi. Italia autem XXVIII colonias, quae vivo me celeberrimae et frequentissimae fuerunt, mea auctoritate deductas habet.

29. Signa militaria complura per alios duces amissa devictis hostibus recepi ex Hispania et Gallia et a Dalmateis. Parthos trium exercitum Romanorum spolia et signa reddere mihi supplicesque amicitiam populi Romani petere coegi. Ea autem signa in penetrali, quod est in templo Martis Ultoris, reposui.

30. Pannoniorum gentes, quas ante me principem populi Romani exercitus nunquam adit, devictas per Ti. Neronem, qui tum erat privignus et legatus meus, imperio populi Romani subieci protulique fines Illyrici ad ripam fluminis Danui. Citra quod Dacorum transgressus exercitus meis auspicis victus profligatusque est. Et postea trans Da-

28. Militärkolonien habe ich in Afrika, Sizilien, Mazedonien, in beiden Spanien, in Achaia, Asien, Syrien, im Narbonensischen Gallien und in Pisidien eingerichtet. Italien aber besitzt 28 auf meine Veranlassung eingerichtete Kolonien, die zu meinen Lebzeiten äußerst volkreich und blühend gewesen sind.

29. Mehrere Feldzeichen, die durch andere Feldherren verlorengegangen waren, habe ich nach völliger Besiegung der Feinde zurückgewonnen aus Spanien und Gallien und von den Dalmatiern. Die Parther zwang ich, die Beutestücke und Feldzeichen von drei römischen Heeren mir zurückzugeben und demütig bittend um die Freundschaft des römischen Volkes nachzusuchen. Diese Feldzeichen aber habe ich im Heiligtum, das sich im Tempel des Mars Ultor befindet, aufbewahrt.

30. Die Völker der Pannonier, zu denen vor meinem Prinzipat nie ein Heer des römischen Volkes gelangte, besiegte ich völlig durch Tiberius Nero, der damals noch mein Stiefsohn und Legat war, unterwarf sie der Befehlsgewalt des römischen Volkes und erweiterte damit das Gebiet von Illyricum bis an das Ufer des Donaustroms. Diesseits dieses Stroms wurde ein Heer der Daker, das den

nuvium ductus exercitus meus Dacorum gentes imperia populi Romani perferre coegit.

31. Ad me ex India regum legationes saepe missae sunt nunquam ante id tempus visae apud quemquam Romanorum ducem. Nostram amicitiam appetiverunt per legatos Bastarnae Scythaeque et Sarmatarum, qui sunt citra flumen Tanaim et ultra, reges Albanorumque rex et Hiberorum et Medorum.

32. Ad me supplices confugerunt reges Parthorum Tiridates et postea Phrates, regis Phratis filius, Medorum Artavasdes, Adiabenorum Artaxares, Britannorum Dumnobellaunus et Tincommius, Sugambrorum Maelo, Marcomanorum Sueborum . . . . . rus. Ad me rex Parthorum Phrates, Orodis filius, filios suos nepotesque omnes misit in Italiam, non bello superatus, sed amicitiam nostram per liberorum pignora petens. Plurimaeque aliae gentes expertae sunt p. R. fidem me principe, quibus antea cum populo Romano nullum extiterat legationum et amicitiae commercium.

Fluß überschritten hatte, unter meinem Oberbefehl besiegt und vernichtet. Und später zwang
mein Heer, das über die Donau hinübergeführt
worden war, die Völker der Daker, die Befehle des
römischen Volks auf sich zu nehmen.

31. Zu mir schickte man aus Indien oft Gesandtschaften von Königen, wie sie niemals vor dieser
Zeit bei einem römischen Feldherrn gesehen worden waren. Unsere Freundschaft erstrebten durch
Gesandte die Bastarner, die Skythen und Könige
der Sarmaten diesseits und jenseits des Tanais
(Don) sowie der König der Albaner, der Iberer
und der Meder.

32. Zu mir nahmen demütig bittend ihre Zuflucht
die Könige der Parther Tiridates und später Phrates, der Sohn des Königs Phrates, der Mederkönig
Artavasdes, der König der Adiabener Artaxares,
die Könige der Britannier Dumnobellaunus und
Tincommius, der Sugambrerkönig Maelo und der
der suebischen Markomannen . . . . . rus. Zu mir
schickte der Partherkönig Phrates, des Orodes
Sohn, seine Söhne und Enkel alle nach Italien,
nicht weil er im Kriege besiegt war, sondern weil
er unsere Freundschaft durch das Unterpfand
seiner Kinder erstrebte. Sehr viele andere Völker

33. A me gentes Parthorum et Medorum per legatos principes earum gentium reges petitos acceperunt: Parthi Vononem, regis Phratis filium,
regis Orodis nepotem, Medi Ariobarzanem, regis
Artavazdis filium, regis Ariobarzanis nepotem.

34. In consulatu sexto et septimo, postquam bella
civilia exstinxeram, per consensum universorum
potitus rerum omnium rem publicam ex mea
potestate in senatus populique Romani arbitrium
transtuli. Quo pro merito meo senatus consulto
Augustus appellatus sum et laureis postes aedium
mearum vestiti sunt publice coronaque civica su-
per ianuam meam fixa est atque clupeus aureus
in curia Iulia positus, quem mihi senatum populumque Romanum dare virtutis clementiaeque,
iustitiae et pietatis caussa testatum est per eius
clupei inscriptionem. Post id tempus auctoritate
omnibus praestiti, potestatis autem nihilo am-
plius habui quam ceteri, qui mihi quoque in magi-

haben die Treue des römischen Volkes unter meinem Prinzipat erfahren, denen zuvor mit dem römischen Volke keinerlei Beziehung von Gesandtschaften und Freundschaft bestanden hatte.

33. Aus meiner Hand empfingen die Völker der Parther und Meder die Könige, die sie durch die vornehmsten Gesandten der genannten Völker erbeten hatten: die Parther den Vonones, den Sohn des Königs Phrates und Enkel des Königs Orodes, die Meder den Ariobarzanes, den Sohn des Königs Artavazdes und Enkel des Königs Ariobarzanes.

34. In meinem 6. und 7. Konsulat, nachdem ich die Bürgerkriege ausgelöscht hatte, habe ich, nach dem einmütigen Wünsche der Gesamtheit in Besitz der Allgewalt gelangt, den Staat aus meiner Amtsgewalt dem Ermessen des Senats und des römischen Volkes überantwortet. Für dieses mein Verdienst wurde ich auf Beschluß des Senats Augustus genannt, mit Lorbeerkränzen wurde die Tür meines Hauses von Staats wegen geschmückt, die Bürgerkrone über meiner Türe angebracht und ein goldener Schild in der Curia Julia aufgestellt, den mir der Senat und das römische Volk verliehen hat um meiner Tapferkeit und Milde, meiner Gerechtigkeit und Frömmigkeit willen, wie durch

stratu conlegae fuerunt.

35. Tertium decimum consulatum cum gerebam, senatus et equester ordo populusque Romanus universus appellavit me patrem patriae idque in vestibulo aedium mearum inscribendum et in curia Iulia et in foro Aug. sub quadrigeis, quae mihi ex s. c. positae sunt, decrevit. Cum scripsi haec, annum agebam septuagensumum sextum.

app. 1. Summa pecuniae, quam dedit vel in aerarium vel plebei Rom. vel dimissis militibus: denarium sexiens milliens.

app. 2. Opera fecit nova aedem Martis, Iovis Tonantis et Feretri, Apollinis, divi Iuli, Quirini, Minervae, Iunonis Reginae, Iovis Libertatis, Larum, deum Penatium, Iuventatis, Matris deum, Lupercal, pulvinar ad circum, curiam cum Chalcidico, forum Augustum, basilicam Iuliam, theatrum Marcelli, porticum Octaviam, nemus trans Tibe-

die Aufschrift dieses Schildes bezeugt ist. Seit dieser Zeit übertraf ich an Machteinfluß alle, an Amtsgewalt aber besaß ich um nichts mehr als die übrigen, die mir in jedem Amte Amtsgenossen gewesen sind.

35. Als ich zum 13. Mal das Konsulat innehatte, nannte mich Senat und Ritterstand und das gesamte römische Volk „Vater des Vaterlandes" und beschloß, es solle dies in der Vorhalle meines Hauses, in der Curia Julia und auf dem Augustusforum unter dem Viergespann, das mir nach Senatsbeschluß errichtet wurde, verzeichnet werden. Als ich dies schrieb, stand ich im 76. Lebensjahre.

Anh. 1. Die Summe des Geldes, das er in die Staatskasse oder dem römischen Volke oder den entlassenen Soldaten gab, betrug 600 Millionen Denare.

Anh. 2. An neuen Bauten errichtete er den Tempel des Mars, des donnernden und Beute spendenden Jupiter, des Apollo, des Gott gewordenen Julius, des Quirinus, der Minerva, der Königin Juno, des Jupiter der Freiheit, der Laren, der Penaten, der Juventas, der Göttermutter und das Lupercal, das Pulvinar beim Circus, die Curie mit

rim Caesarum.

app. 3. Refecit Capitolium sacrasque aedes numero octoginta duas, theatrum Pompei, aquarum rivos, viam Flaminiam.

app. 4. Impensa pecunia in spectacula scaenica et munera gladiatorum atque athletas et venationes et naumachiam et donata pecunia colonis in Italia, oppidis in provincis terrae motu incendioque consumptis aut viritim amicis senatoribusque, quorum census explevit, innumerabilis.

dem Chalcidicum, das Augustusforum, die Basilica Julia, das Theater des Marcellus, die octavische Säulenhalle, den Hain der Caesaren jenseits des Tiber.

Anh. 3. Wiederhergestellt hat er das Kapitol und 82 Tempel, das Theater des Pompeius, die Wasserleitungen und die Flaminische Straße.

Anh. 4. Das aufgewendete Geld für Bühnenschauspiele, Gladiatorenspiele und Wettkämpfer, für Jagden und Seeschlacht sowie das gespendete Geld für die Kolonien in Italien, für die durch Erdbeben und Feuersbrunst vernichteten Städte in den Provinzen oder für seine Freunde und Senatoren Mann für Mann, deren Vermögen er auffüllte, ist nicht zu berechnen.

DIE GRIECHISCHE FASSUNG DES MONUMENTUM ANCYRANUM UND IHR SCHÖPFER

Der griechische Text des Monumentum Ancyranum liegt mit Volkmanns kritischer Textausgabe der Res gestae divi Augusti vom Jahre 1942 zum ersten Male lückenlos vor. Mit Ausnahme einer einzigen Stelle, Kapitel 4 (Kolumne II 12) konnte ich, abgesehen von einigen unwesentlichen Kleinigkeiten, Volkmanns Text übernehmen. Noch Barinis Ausgabe vom Jahre 1937 weist im griechischen Text, Kapitel 3 (Kolumne II 4—8) eine Lücke von 5 Zeilen auf, die Gagé in seiner französischen Ausgabe 1935 frei ergänzte. Nunmehr ist auch diese Lücke, besonders nach der Revision des Ancyranum durch Weber, mit ziemlicher Sicherheit ausgefüllt.

Für den griechischen Text waren ferner von großer Bedeutung weitere Bruchstücke des Monumentum Apolloniense, die 1930 im pisidischen Apollonia zu den seit 1821 bekannten Resten traten. Sie bilden zugleich eine wertvolle Ergänzung zum Ancyranum.

Sowohl der lateinische als auch der griechische Text des Monumentum Ancyranum kann jetzt als vollständig und lückenlos bezeichnet werden.

Über den Hersteller des griechischen Textes zum Ancyranum bemerkt Weber S. 224, „daß dieser Mann mit seltener, fast peinlicher Treue dem Werk des Augustus, seinen Teilen wie dem Ganzen, sich hingegeben hat", „daß er keineswegs nur eine kümmerliche, mechanische Übersetzung bezweckt und erreicht hat, welche die Tatsachen dem Verständnis von Menschen erschließen sollte, die des Lateinischen unkundig, selbst mit mangelhaftem Griechisch zufrieden waren."

Hören wir weiter, was Weber S. 224—226 über den Übersetzer und seine Arbeitsweise ausführt: „Wo er deutend umschreibt, erklärende Zusätze, in tieferem Eingriff persönliche Formulierungen gibt, verwickelte lateinische Perioden zur unmittelbaren Erfassung der Sache und ihres Sinnes vereinfacht und damit klärt, auch wo er Worte unterdrückt, hat er nirgends ernstlichen Schaden angerichtet, eher die schuldige Rücksicht auf seine Vorlage wie auf seine Leser geübt. Selbst die leicht wahrnehmbaren Zusätze sind in den Text so organisch eingefügt, daß sie seinen Tonfall kaum stören. Er verlegt wohl ab und zu durch Umstellung von Worten leicht den Akzent, aber in der weit überwiegenden Zahl von Fällen paßt er sich hingebend dem Wortlaut an.

Die These, daß die Übersetzung ein Machwerk und einem beliebigen Griechen des Ostens, etwa gar der Provinz Galatien, zuzuweisen, auf Veranlassung des Statthalters für Ankyra verfaßt worden sei, entbehrt ihres Rückhalts und wird dem Ganzen nicht gerecht.

Er will das Original für die Menschen des Ostens nachschaffen, aber ihn hat nicht nur die Sache ergriffen, sondern auch die römische und die individuell augusteische Form. Er hat nicht nur die Tatsachen verdolmetscht, um sie als Mittler zu erschließen und zu ihrer Verbreitung beizutragen, sondern er hat selbstlos und willig sich dem römischen Wesen unterworfen, der Kargheit und Fülle, der Strenge und dem Pathos der in diesen Wortlaut gefaßten Gedanken. Wie er den Stoff übertrug und die Form nachbildend wahrte, das beweist, daß er vom Geist des Schöpfers selbst berührt worden ist.

Kenner römischer Einrichtungen, die er zumeist prägnant wiedergibt, ist er sicher einer von den Griechen, die dem Staat dienten und diesem die östliche Sphäre erschließen halfen. Daß er in staatlichem Auftrag handelte, zeigt zur Genüge der übereinstimmende Wortlaut des Apolloniense.

Man wird für sicher halten, daß diese Übersetzung, wie sie

ihr staatliches Placet in Rom empfangen mußte, dort hergestellt worden ist. Und dann liegt der Schluß keineswegs im Bereich des Unmöglichen, daß sie in amtlichem Auftrag zu Zwecken des Kaiserkults von einem jener Griechen hergestellt worden ist, die von Rom, vom römischen Wesen, von Augustus und der Absicht der Regierung, den Senatsbeschluß über seine Apotheose auch im östlichen Reichsteil wirksam durchzuführen, Kenntnis hatten.

Und wenn man sich dessen erinnert, daß Polybios und Hilarion ihrem Herrn bei der Niederschrift seines privaten Testaments halfen, daß Polybios es im Senat vorlas, und daraus sich auch nur vermutungsweise folgern ließe, daß dieser treue Sekretär, sei es mittelbar, sei es unmittelbar, als Verfasser in Betracht käme, dann würde verständlich werden, wie diese die Staatssphäre und Absicht und Geist des Augustus widerspiegelnde Übersetzung so treu wurde und beitrug, den Mythos des neuen divus zu verbreiten."

In 19 nebeneinandergereihten Kolumnen ist die griechische Fassung des Monumentum Ancyranum an der rechten Außenwand des Tempels in Ankyra angebracht. Achtzehn Kolumnen sind mit 22—24 Zeilen vollständig, die neunzehnte Kolumne ist mit 11 Zeilen nur zur Hälfte beschriftet. Die Überschrift läuft in einer Zeile über Kolumne I bis XVII.

ΜΕΘΗΡΜΗΝΕΥΜΕΝΑΙ ΥΠΕΓΡΑΦΗΣΑΝ ΠΡΑΞΕΙΣ ΤΕ ΚΑΙ ΔΩΡΕΑΙ ΣΕΒΑΣΤΟΥ ΘΕΟΥ ΑΣ ΑΠΕΛΙΠΕΝ ΕΠΙ ΡΩΜΗΣ ΕΝΚΕΧΑΡΑΓΜΕΝΑΣ ΧΑΛΚΑΙΣ ΣΤΗΛΑΙΣ ΔΥΣΙΝ

1. Ἐτῶν δεκαεννέα ὢν τὸ στράτευμα ἐμῇ γνώμῃ καὶ ἐμοῖς ἀναλώμασιν ἡτοίμασα, δι' οὗ τὰ κοινὰ πράγματα ἐκ τῆς τῶν συνομοσαμένων δουλήας ἠλευθέρωσα. Ἐπὶ οἷς ἡ σύνκλητος ἐπαινέσασά με ψηφίσμασι προσκατέλεξε τῇ βουλῇ Γαΐῳ Πάνσᾳ καὶ Αὔλῳ Ἱρτίῳ ὑπάτοις, ἐν τῇ τάξει τῶν ὑπατευσάντων τὸ συμβουλεύειν δοῦσα, ῥάβδους τέ μοι ἔδωκεν. Ὡς καὶ τὰ δημόσια πράγματα μή τι βλαβῇ, ἐμοὶ μετὰ τῶν ὑπάτων προνοεῖν ἐπέτρεψεν ἀντιστρατήγῳ ὄντι. Ὁ δὲ δῆμος τῷ αὐτῷ ἐνιαυτῷ ἀμφοτέρων τῶν ὑπάτων ἐν πολέμῳ πεπτωκότων ἐμὲ ὕπατον ἀπέδειξεν καὶ τὴν τῶν τριῶν ἀνδρῶν ἔχοντα ἀρχὴν ἐπὶ τῇ καταστάσει τῶν δημοσίων πραγμάτων εἵλατο.

2. Τοὺς τὸν πατέρα μου φονεύσαντας ἐξώρισα κρίσεσιν ἐνδίκοις τειμωρησάμενος αὐτῶν τὸ δρᾶμα καὶ μετὰ ταῦτα αὐτοὺς πόλεμον ἐπιφέροντας τῇ πατρίδι δὶς ἐνείκησα παρατάξει.

3. Πολέμους καὶ κατὰ γῆν καὶ κατὰ θάλασσαν ἐμφυλίους καὶ ἐξωτικοὺς ἐν ὅλῃ τῇ οἰκουμένῃ πολλάκις ἐποησάμην νεικήσας τε πάντων ἐφεισάμην τῶν ἱκετῶν πολειτῶν. Τὰ ἔθνη, οἷς ἀσφαλὲς ἦν συγγνώμην ἔχειν, ἔσωσα μᾶλλον ἢ ἐξέκοψα. Μυριάδες Ῥωμαίων στρατεύσασαι ὑπὸ τὸν ὅρκον τὸν ἐμὸν ἐγένοντο ἐνγὺς πεντήκοντα· ἐξ ὧν κατήγαγον εἰς τὰς ἀποικίας ἢ ἀπέπεμψα εἰς τὰς ἰδίας πόλεις ἐκπληρωθέντων τῶν ἐνιαυτῶν τῆς στρατείας μυριάδας πολλῷ πλείους ἢ τριάκοντα καὶ αὐτοῖς πᾶσιν ἀγροὺς ἐμέρισα ἢ χρήματα ἀντὶ δωρεῶν στρατείας ἔδωκα. Ναῦς εἷλον ἑξακοσίας ἐκτὸς τούτων, εἴ τινες ἥσσονες ἢ τριήρεις ἐγένοντο.

4. Δὶς πεζὸν ἐθριάμβευσα καὶ τρὶς ἐπὶ ἅρματος, εἰκοσάκις καὶ ἅπαξ προσηγορεύθην αὐτοκράτωρ. Τῆς συνκλήτου ἐμοὶ πλείους θριάμβους ψηφισσαμένης τετράκις ἐσχόμην. ᾿Απὸ τῶν ῥάβδων τὴν δάφνην ἀπέθηκα, ἐν τῷ Καπιτωλίῳ τὰς εὐχάς, ἃς ἐν τῷ πολέμῳ ἑκάστῳ ἐποησάμην, ἀποδούς. Διὰ τὰς ἐμὰς πράξεις ἢ τὰς τῶν πρεσβευτῶν μου, ἃς αἰσίοις οἰωνοῖς καὶ κατὰ γῆν καὶ κατὰ θάλασσαν κατώρθωσα, πεντηκοντάκις καὶ πεντάκις ἐψηφίσατο ἡ σύνκλητος θεοῖς δεῖν θύεσθαι. ῾Ημέραι οὖν αὗται ἐκ συνκλήτου δόγματος ἐγένοντο ὀκτακόσιαι ἐνενήκοντα. ᾿Εν τοῖς ἐμοῖς θριάμβοις πρὸ τοῦ ἐμοῦ ἅρματος βασιλεῖς ἢ βασιλέων παῖδες προήχθησαν ἐννέα. ῾Υπάτευον τρὶς καὶ δέκατον, ὅτε ταῦτα ἔγραφον, καὶ ἤμην τριακοστὸν καὶ ἕβδομον δημαρχικῆς ἐξουσίας.

5. Αὐτεξούσιόν μοι ἀρχὴν καὶ ἀπόντι καὶ παρόντι διδομένην ὑπό τε τοῦ δήμου καὶ τῆς συνκλήτου Μάρκῳ Μαρκέλλῳ καὶ Λευκίῳ ᾿Αρρουντίῳ ὑπάτοις οὐκ ἐδεξάμην. Οὐ παρῃτησάμην ἐν τῇ μεγίστῃ τοῦ σείτου σπάνει τὴν ἐπιμέλειαν τῆς ἀγορᾶς, ἣν οὕτως ἐπετήδευσα, ὥστ᾿ ἐν ὀλίγαις ἡμέραις τοῦ παρόντος φόβου καὶ κινδύνου ταῖς ἐμαῖς δαπάναις τὸν δῆμον ἐλευθερῶσαι. ῾Υπατείαν τέ μοι τότε διδομένην καὶ ἐναύσιον καὶ διὰ βίου οὐκ ἐδεξάμην.

6. ῾Υπάτοις Μάρκῳ Οὐινουκίῳ καὶ Κοΐντῳ Λουκρητίῳ καὶ μετὰ ταῦτα Ποπλίῳ καὶ Ναΐῳ Λέντλοις καὶ τρίτον Παύλλῳ Φαβίῳ Μαξίμῳ καὶ Κοΐντῳ Τουβέρωνι τῆς τε συνκλήτου καὶ τοῦ δήμου τῶν ῾Ρωμαίων ὁμολογούντων, ἵνα ἐπιμελητὴς τῶν τε νόμων καὶ τῶν τρόπων ἐπὶ μεγίστῃ ἐξουσίᾳ μόνος χειροτονηθῶ, ἀρχὴν οὐδεμίαν παρὰ τὰ πάτρια ἔθη διδομένην ἀνεδεξάμην. ῝Α δὲ τότε δι᾿ ἐμοῦ ἡ σύνκλητος οἰκονομεῖσθαι ἐβούλετο, τῆς δημαρχικῆς ἐξουσίας ὢν ἐτέλεσα. Καὶ ταύτης αὐτῆς τῆς ἀρχῆς συνάρχοντα αὐτὸς ἀπὸ τῆς συνκλήτου πεντάκις αἰτήσας ἔλαβον.

7. Τριῶν ἀνδρῶν ἐγενόμην δημοσίων πραγμάτων κατορθωτὴς συνεχέσιν ἔτεσιν δέκα. Πρῶτον ἀξιώματος τόπον

56

ἔσχον τῆς συγκλήτου ἄχρι ταύτης τῆς ἡμέρας, ἧς ταῦτα ἔγραφον, ἐπὶ ἔτη τεσσαράκοντα. Ἀρχιερεύς, αὔγουρ, τῶν δεκαπέντε ἀνδρῶν τῶν ἱεροποιῶν, τῶν ἑπτὰ ἀνδρῶν ἱεροποιῶν, ἀδελφὸς ἀρουᾶλις, ἑταῖρος Τίτιος, φητιᾶλις.

8. Τῶν πατρικίων τὸν ἀριθμὸν εὔξησα (= ηὔξησα) πέμπτον ὕπατος ἐπιταγῇ τοῦ τε δήμου καὶ τῆς συγκλήτου. Τὴν σύγκλητον τρὶς ἐπέλεξα. Ἕκτον ὕπατος τὴν ἀποτείμησιν τοῦ δήμου συνάρχοντα ἔχων Μᾶρκον Ἀγρίππαν ἔλαβον, ἥτις ἀποτείμησις μετὰ δύο καὶ τεσσαρακοστὸν ἐνιαυτὸν συνεκλείσθη. Ἐν ᾗ ἀποτειμήσει Ῥωμαίων ἐτειμήσαντο κεφαλαὶ τετρακόσιαι ἑξήκοντα μυριάδες καὶ τρισχίλιαι. Εἶτα δεύτερον ὑπατικῇ ἐξουσίᾳ μόνος Γαΐῳ Κηνσωρίνῳ καὶ Γαΐῳ Ἀσινίῳ ὑπάτοις τὴν ἀποτείμησιν ἔλαβον· ἐν ᾗ ἀποτειμήσει ἐτειμήσαντο Ῥωμαίων τετρακόσιαι εἴκοσι τρεῖς μυριάδες καὶ τρισχίλιοι. Καὶ τρίτον ὑπατικῇ ἐξουσίᾳ τὰς ἀποτειμήσεις ἔλαβον ἔχων συνάρχοντα Τιβέριον Καίσαρα τὸν υἱόν μου Σέξτῳ Πομπηΐῳ καὶ Σέξτῳ Ἀππουληΐῳ ὑπάτοις· ἐν ᾗ ἀποτειμήσει ἐτειμήσαντο Ῥωμαίων τετρακόσιαι ἐνενήκοντα τρεῖς μυριάδες καὶ ἑπτακισχείλιοι. Εἰσαγαγὼν καινοὺς νόμους πολλὰ ἤδη τῶν ἀρχαίων ἐθῶν καταλυόμενα διωρθωσάμην καὶ αὐτὸς πολλῶν πραγμάτων μείμημα ἐμαυτὸν τοῖς μετέπειτα παρέδωκα.

9. Εὐχὰς ὑπὲρ τῆς ἐμῆς σωτηρίας ἀναλαμβάνειν διὰ τῶν ὑπάτων καὶ ἱερέων καθ᾽ ἑκάστην πεντετηρίδα ἐψηφίσατο ἡ σύγκλητος. Ἐκ τούτων τῶν εὐχῶν πλειστάκις ἐγένοντο θέαι, τοτὲ μὲν ἐκ τῆς συναρχίας τῶν τεσσάρων ἱερέων, τοτὲ δὲ ὑπὸ τῶν ὑπάτων. Καὶ κατ᾽ ἰδίαν δὲ καὶ κατὰ πόλεις σύνπαντες οἱ πολεῖται ὁμοθυμαδὸν συνεχῶς ἔθυσαν ὑπὲρ τῆς ἐμῆς σωτηρίας.

10. Τὸ ὄνομά μου συγκλήτου δόγματι ἐνπεριελήφθη εἰς τοὺς σαλίων ὕμνους. Καὶ ἵνα ἱερὸς ὦ διὰ βίου τε τὴν δημαρχικὴν ἔχω ἐξουσίαν, νόμῳ ἐκυρώθη. Ἀρχιερωσύνην, ἣν ὁ πατήρ μου ἐσχήκει, τοῦ δήμου μοι καταφέροντος εἰς τὸν

τοῦ ζῶντος τόπον, οὐ προσεδεξάμην. Ἣν ἀρχιερατείαν μετά τινας ἐνιαυτοὺς ἀποθανόντος τοῦ προκατειληφότος αὐτὴν ἐν πολειτικαῖς ταραχαῖς ἀνείληφα, εἰς τὰ ἐμὰ ἀρχαιρέσια ἐξ ὅλης τῆς Ἰταλίας τοσούτου πλήθους συνεληλυθότος, ὅσον οὐδεὶς ἔνπροσθεν ἱστόρησεν ἐπὶ Ῥώμης γεγονέναι, Ποπλίῳ Σουλπικίῳ καὶ Γαΐῳ Οὐαλγίῳ ὑπάτοις.

11. Βωμὸν Τύχης Σωτηρίου ὑπὲρ τῆς ἐμῆς ἐπανόδου πρὸς τῇ Καπήνῃ πύλῃ ἡ σύνκλητος ἀφιέρωσεν, πρὸς ᾧ τοὺς ἱερεῖς καὶ τὰς ἱερείας ἐνιαύσιον θυσίαν ποιεῖν ἐκέλευσεν ἐν ἐκείνῃ τῇ ἡμέρᾳ, ἐν ᾗ ὑπάτοις Κοίντῳ Λουκρητίῳ καὶ Μάρκῳ Οὐινουκίῳ ἐκ Συρίας εἰς Ῥώμην ἐπανεληλύθειν, τήν τε ἡμέραν ἐκ τῆς ἡμετέρας ἐπωνυμίας προσηγόρευσεν Αὐγουστάλια.

12. Δόγματι συνκλήτου οἱ τὰς μεγίστας ἀρχὰς ἄρξαντες σὺν μέρει στρατηγῶν καὶ δημάρχων μετὰ ὑπάτου Κοίντου Λουκρητίου ἐπέμφθησάν μοι ὑπαντήσοντες μέχρι Καμπανίας, ἥτις τειμὴ μέχρι τούτου οὐδὲ ἑνὶ εἰ μὴ ἐμοὶ ἐψηφίσθη. Ὅτε ἐξ Ἰσπανίας καὶ Γαλατίας, τῶν ἐν ταύταις ταῖς ἐπαρχείαις πραγμάτων κατὰ τὰς εὐχὰς τελεσθέντων, εἰς Ῥώμην ἐπανῆλθον Τιβερίῳ Νέρωνι καὶ Ποπλίῳ Κοιντιλίῳ ὑπάτοις, βωμὸν Εἰρήνης Σεβαστῆς ὑπὲρ τῆς ἐμῆς ἐπανόδου ἀφιερωθῆναι ἐψηφίσατο ἡ σύνκλητος ἐν πεδίῳ Ἄρεως, πρὸς ᾧ τούς τε ἐν ταῖς ἀρχαῖς καὶ τοὺς ἱερεῖς τάς τε ἱερείας ἐνιαυσίους θυσίας ἐκέλευσε ποιεῖν.

13. Πύλην Ἐννάλιον, ἣν κεκλῖσθαι οἱ πατέρες ἡμῶν ἠθέλησαν εἰρηνευομένης τῆς ὑπὸ Ῥωμαίοις πάσης γῆς τε καὶ θαλάσσης, πρὸ μὲν ἐμοῦ, ἐξ οὗ ἡ πόλις ἐκτίσθη, τῷ παντὶ αἰῶνι δὶς μόνον κεκλῖσθαι ὁμολογεῖται, ἐπὶ δὲ ἐμοῦ ἡγεμόνος τρὶς ἡ σύνκλητος ἐψηφίσατο κλεισθῆναι.

14. Υἱούς μου Γάϊον καὶ Λεύκιον Καίσαρας, οὓς νεανίας ἀνήρπασεν ἡ τύχη, εἰς τὴν ἐμὴν τειμὴν ἥ τε σύνκλητος καὶ ὁ δῆμος τῶν Ῥωμαίων πεντεκαιδεκαέτεις ὄντας ὑπάτους

ἀπέδειξεν, ἵνα μετὰ πέντε ἔτη εἰς τὴν ὕπατον ἀρχὴν εἰσέλ-
θωσιν· καὶ ἀφ' ἧς ἂν ἡμέρας εἰς τήν ἀγορὰν καταχθῶσιν, ἵνα
μετέχωσιν τῆς συνκλήτου ἐψηφίσατο. Ἱππεῖς δὲ Ῥωμαίων
σύνπαντες ἡγεμόνα νεότητος ἑκάτερον αὐτῶν προσηγόρευ-
σαν, ἀσπίσιν ἀργυρέαις καὶ δόρασιν ἐτείμησαν.

15. Δήμῳ Ῥωμαίων κατ' ἄνδρα ἑβδομήκοντα πέντε δηνάρια ἑκάστῳ ἠρίθμησα κατὰ διαθήκην τοῦ πατρός μου,
καὶ τῷ ἐμῷ ὀνόματι ἐκ λαφύρων πολέμου ἀνὰ ἑκατὸν δηνάρια πέμπτον ὕπατος ἔδωκα, πάλιν τε δέκατον ὑπατεύων
ἐκ τῆς ἐμῆς ὑπάρξεως ἀνὰ δηνάρια ἑκατὸν ἠρίθμησα, καὶ
ἑνδέκατον ὕπατος δώδεκα σειτομετρήσεις ἐκ τοῦ ἐμοῦ βίου
ἀπεμέτρησα, καὶ δημαρχικῆς ἐξουσίας τὸ δωδέκατον ἑκατὸν
δηνάρια κατ' ἄνδρα ἔδωκα· αἵτινες ἐμαὶ ἐπιδόσεις οὐδέποτε
ἧσσον ἦλθον εἰς ἄνδρας μυριάδων εἴκοσι πέντε. Δημαρχικῆς
ἐξουσίας ὀκτωκαιδέκατον, ὕπατος δωδέκατον τριάκοντα
τρισὶ μυριάσιν ὄχλου πολειτικοῦ ἑξήκοντα δηνάρια κατ'
ἄνδρα ἔδωκα, καὶ ἀποίκοις στρατιωτῶν ἐμῶν πέμπτον
ὕπατος ἐκ λαφύρων κατὰ ἄνδρα ἀνὰ διακόσια πεντήκοντα
δηνάρια ἔδωκα· ἔλαβον ταύτην τὴν δωρεὰν ἐν ταῖς ἀποικίαις ἀνθρώπων μυριάδες πλεῖον δώδεκα. Ὕπατος τρισκαιδέκατον ἀνὰ ἑξήκοντα δηνάρια τῷ σειτομετρουμένῳ δήμῳ
ἔδωκα· οὗτος ἀριθμὸς πλείων εἴκοσι μυριάδων ὑπῆρχεν.

16. Χρήματα ἐν ὑπατείᾳ τετάρτῃ ἐμῇ καὶ μετὰ ταῦτα ὑπάτοις Μάρκῳ Κράσσῳ καὶ Ναΐῳ Λέντλῳ αὔγουρι ταῖς πόλεσιν ἠρίθμησα ὑπὲρ ἀγρῶν, οὓς ἐμέρισα τοῖς στρατιώταις.
Κεφαλαίου ἐγένοντο ἐν Ἰταλίᾳ μὲν μύριαι πεντακισχείλιαι
μυριάδες, τῶν δὲ ἐπαρχειτικῶν ἀγρῶν μυριάδες ἑξακισχείλιαι
πεντακόσιαι. Τοῦτο πρῶτος καὶ μόνος ἀπάντων ἐπόησα
τῶν καταγαγόντων ἀποικίας στρατιωτῶν ἐν Ἰταλίᾳ ἢ ἐν
ἐπαρχείαις μέχρι τῆς ἐμῆς ἡλικίας. Καὶ μετέπειτα Τιβερίῳ
Νέρωνι καὶ Ναΐῳ Πείσωνι ὑπάτοις καὶ πάλιν Γαΐῳ Ἀν-
θεστίῳ καὶ Δέκμῳ Λαιλίῳ ὑπάτοις καὶ Γαΐῳ Καλουισίῳ καὶ
Λευκίῳ Πασσιήνῳ ὑπάτοις καὶ Λευκίῳ Λέντλῳ καὶ Μάρκῳ

Μεσσάλᾳ ὑπάτοις καὶ Λευκίῳ Κανινίῳ καὶ Κοΐντῳ Φαβρικίῳ ὑπάτοις στρατιώταις ἀπολυομένοις, οὓς κατήγαγον εἰς τὰς ἰδίας πόλεις, φιλανθρώπου ὀνόματι ἔδωκα μυριάδας ἐγγὺς μυρίας.

17. Τετράκις χρήμασιν ἐμοῖς ὑπέλαβον τὸ αἰράριον, εἰς ὃ κατήνενκα τρισχειλίας ἑπτακοσίας πεντήκοντα μυριάδας. Καὶ Μάρκῳ Λεπίδῳ καὶ Λευκίῳ Ἀρρουντίῳ ὑπάτοις εἰς τὸ στρατιωτικὸν αἰράριον, ὃ τῇ ἐμῇ γνώμῃ κατέστη, ἵνα ἐξ αὐτοῦ αἱ δωρεαὶ τοῖς ἀπολυομένοις στρατιώταις δίδωνται, οἳ εἴκοσιν ἐνιαυτοὺς ἢ πλείονας ἐστρατεύσαντο, μυριάδας τετρακισχειλίας διακοσίας πεντήκοντα ἐκ τῆς ἐμῆς ὑπάρξεως κατήνενκα.

18. Ἀπ' ἐκείνου τοῦ ἐνιαυτοῦ, ἐξ οὗ Νάϊος καὶ Πόπλιος Λέντλοι ὕπατοι ἐγένοντο, ὅτε ὑπέλειπον αἱ δημόσιαι πρόσοδοι, ἄλλοτε μὲν δέκα μυριάσιν, ἄλλοτε δὲ πλείοσιν σειτικὰς καὶ ἀργυρικὰς συντάξεις ἐκ τῆς ἐμῆς ὑπάρξεως ἔδωκα.

19. Βουλευτήριον καὶ τὸ πλησίον αὐτῷ Χαλκιδικόν, ναόν τε Ἀπόλλωνος ἐν Παλατίῳ σὺν στοαῖς, ναὸν θεοῦ Ἰουλίου, Πανὸς ἱερόν, στοὰν πρὸς ἱπποδρόμῳ τῷ προσαγορευομένῳ Φλαμινίῳ, ἣν εἴασα προσαγορεύεσθαι ἐξ ὀνόματος ἐκείνου Ὀκταουΐαν, ὃς πρῶτος αὐτὴν ἀνέστησεν, ναὸν πρὸς τῷ μεγάλῳ ἱπποδρόμῳ, ναοὺς ἐν Καπιτωλίῳ Διὸς Τροπαιοφόρου καὶ Διὸς Βροντησίου, ναὸν Κυρείνου, ναοὺς Ἀθηνᾶς καὶ Ἥρας Βασιλίδος καὶ Διὸς Ἐλευθερίου ἐν Ἀουεντίνῳ, ἡρώων πρὸς τῇ ἱερᾷ ὁδῷ, θεῶν κατοικιδίων ἐν Οὐελίᾳ, ναὸν Νεότητος, ναὸν Μητρὸς θεῶν ἐν Παλατίῳ ἐπόησα.

20. Καπιτώλιον καὶ τὸ Πομπηΐου θέατρον ἑκάτερον τὸ ἔργον ἀναλώμασιν μεγίστοις ἐπεσκεύασα ἄνευ ἐπιγραφῆς τοῦ ἐμοῦ ὀνόματος. Ἀγωγοὺς ὑδάτων ἐν πλείστοις τόποις τῇ παλαιότητι ὀλισθάνοντας ἐπεσκεύασα καὶ ὕδωρ τὸ καλούμενον Μάρτιον (Mommsen: Μάρκιον) ἐδίπλωσα πηγὴν

νέαν εἰς τὸ ῥεῖθρον αὐτοῦ ἐποχετεύσας. Ἀγορὰν Ἰουλίαν καὶ βασιλικήν, ἥτις ἦν μεταξὺ τοῦ τε ναοῦ τῶν Διοσκόρων καὶ Κρόνου, προκαταβεβλημένα ἔργα ὑπὸ τοῦ πατρός μου, ἐτελείωσα καὶ τὴν αὐτὴν βασιλικὴν κατακαυθεῖσαν ἐν αὔξη- θέντι ἐδάφει αὐτῆς ἐξ ἐπιγραφῆς ὀνόματος τῶν ἐμῶν υἱῶν ὑπηρξάμην, καὶ εἰ μὴ αὐτὸς τετελειώκοιμι, τελειωθῆναι ὑπὸ τῶν ἐμῶν κληρονόμων ἐπέταξα. Δύο καὶ ὀγδοήκοντα ναοὺς ἐν τῇ πόλει ἕκτον ὕπατος δόγματι συνκλήτου ἐπεσκεύασα οὐδένα περιλιπών, ὃς ἐκείνῳ τῷ χρόνῳ ἐπισκευῆς ἐδεῖτο. Ὕπατος ἕβδομον ὁδὸν Φλαμινίαν ἀπὸ Ῥώμης εἰς Ἀρίμινον γεφύρας τε τὰς ἐν αὐτῇ πάσας ἔξω δυεῖν τῶν μὴ ἐπιδεο- μένων ἐπισκευῆς ἐπόησα.

21. Ἐν ἰδιωτικῷ ἐδάφει Ἄρεως Ἀμύντορος ἀγοράν τε Σεβαστὴν ἐκ λαφύρων ἐπόησα. Θέατρον πρὸς τῷ Ἀπόλ- λωνος ναῷ ἐπὶ ἐδάφους ἐκ πλείστου μέρους ἀγορασθέντος ἀνήγειρα ἐπὶ ὀνόματος Μαρκέλλου τοῦ γαμβροῦ μου. Ἀνα- θέματα ἐκ λαφύρων ἐν Καπιτωλίῳ καὶ ναῷ Ἰουλίῳ καὶ ναῷ Ἀπόλλωνος καὶ Ἑστίας καὶ Ἄρεως ἀφιέρωσα, ἃ ἐμοὶ κα- τέστη ἐγγὺς μυριάδων δισχειλίων πεντακοσίων. Εἰς χρυ- σοῦν στέφανον λειτρῶν τρισμυρίων πεντακισχειλίων κατα- φερούσαις ταῖς ἐν Ἰταλίᾳ πολειτείαις καὶ ἀποικίαις συν- εχώρησα τὸ πέμπτον ὑπατεύων, καὶ ὕστερον, ὁσάκις αὐτο- κράτωρ προσηγορεύθην, τὰς εἰς τὸν στέφανον ἐπαγγελίας οὐκ ἔλαβον ψηφιζομένων τῶν πολειτειῶν καὶ ἀποικιῶν μετὰ τῆς αὐτῆς προθυμίας, ὡς τὸ αὐτὸ πρὶν ἐψηφίσαντο.

22. Τρὶς μονομαχίας ἔδωκα τῷ ἐμῷ ὀνόματι καὶ πεντάκις τῶν υἱῶν μου ἢ υἱωνῶν· ἐν αἷς μονομαχίαις ἐπύκτευσαν ὡς μύριοι. Δὶς ἀθλητῶν παντόθεν μετακεκλημένων τὴν τοῦ ἀγῶνος θέαν τῷ δήμῳ παρέσχον τῷ ἐμῷ ὀνόματι καὶ τρί- τον τοῦ ἐμοῦ υἱωνοῦ. Θέας ἐπόησα δι' ἐμοῦ τετράκις, διὰ δὲ τῶν ἄλλων ἀρχῶν ἐν μέρει τρὶς καὶ εἰκοσάκις. Ὑπὲρ τῶν δεκαπέντε ἀνδρῶν ἔχων συνάρχοντα Μᾶρκον Ἀγρίππαν θέας τὰς διὰ ἑκατὸν ἐτῶν γεινομένας ὀνομαζομένας σαι-

κλάρεις ἐπόησα Γαΐῳ Φουρνίῳ καὶ Γαΐῳ Σειλανῷ ὑπάτοις. Ὕπατος τρισκαιδέκατον θέας Ἄρει πρῶτος ἐπόησα, ἃς μετ' ἐκεῖνον χρόνον ἑξῆς τοῖς μετέπειτα ἐνιαυτοῖς δόγματι συνκλήτου καὶ νόμῳ ἐπόησαν οἱ ὕπατοι. Θηρομαχίας τῷ δήμῳ τῶν ἐκ Λιβύης θηρίων ἐμῷ ὀνόματι ἢ υἱῶν ἢ υἱωνῶν ἐν τῷ ἱπποδρόμῳ ἢ ἐν τῇ ἀγορᾷ ἢ ἐν τοῖς ἀμφιθεάτροις ἔδωκα ἑξάκις καὶ εἰκοσάκις, ἐν αἷς κατεσφάγη θηρία ἐγγὺς τρισχείλια καὶ πεντακόσια.

23. Ναυμαχίας θέαν τῷ δήμῳ ἔδωκα πέραν τοῦ Τιβέριδος, ἐν ᾧ τόπῳ νῦν ἐστιν ἄλσος Καισάρων ἐκκεχωσμένης τῆς γῆς εἰς μῆκος χειλίων ὀκτακοσίων ποδῶν, εἰς πλάτος χειλίων διακοσίων. Ἐν ᾗ τριάκοντα ναῦς ἔμβολα ἔχουσαι τριήρεις ἢ δίκροτοι, αἱ δὲ ἥσσονες πλείους ἐναυμάχησαν. Ἐν τούτῳ τῷ στόλῳ ἠγωνίσαντο ἔξω τῶν ἐρετῶν πρόσπου ἄνδρες τρισχείλιοι.

24. Εἰς ναοὺς πασῶν πόλεων τῆς Ἀσίας νεικήσας τὰ ἀναθέματα ἀποκατέστησα, ἃ κατεσχήκει ἱεροσυλήσας ὁ ὑπ' ἐμοῦ καταγωνισθεὶς πολέμιος. Ἀνδριάντες πεζοὶ καὶ ἔφιπποί μου καὶ ἐφ' ἅρμασιν ἀργυροῖ εἱστήκεισαν ἐν τῇ πόλει ἐγγὺς ὀγδοήκοντα, οὓς αὐτὸς ἦρα, ἐκ τούτου τε τοῦ χρήματος ἀναθέματα χρυσᾶ ἐν τῷ ναῷ τοῦ Ἀπόλλωνος τῷ τε ἐμῷ ὀνόματι καὶ ἐκείνων, οἵτινές με τούτοις τοῖς ἀνδριᾶσιν ἐτείμησαν, ἀνέθηκα.

25. Θάλασσαν πειρατευομένην ὑπὸ ἀποστατῶν δούλων εἰρήνευσα· ἐξ ὧν τρεῖς που μυριάδας τοῖς δεσπόταις εἰς κόλασιν παρέδωκα. Ὤμοσεν εἰς τοὺς ἐμοὺς λόγους ἅπασα ἡ Ἰταλία ἑκοῦσα κἀμὲ πολέμου, ᾧ ἐπ' Ἀκτίῳ ἐνείκησα, ἡγεμόνα ἐξητήσατο. Ὤμοσαν εἰς τοὺς αὐτοὺς λόγους ἐπαρχεῖαι Γαλατία, Ἱσπανία, Λιβύη, Σικελία, Σαρδώ. Οἱ ὑπ' ἐμαῖς σημέαις τότε στρατευσάμενοι ἦσαν συνκλητικοὶ πλείους ἑπτακοσίων· ἐν αὐτοῖς, οἳ ἢ πρότερον ἢ μετέπειτα ἐγένοντο ὕπατοι ἄχρι ἐκείνης τῆς ἡμέρας, ἐν ᾗ ταῦτα γέγραπται, ὀγδοήκοντα τρεῖς, ἱερεῖς πρόσπου ἑκατὸν ἑβδομήκοντα.

26. Πασῶν ἐπαρχειῶν δήμου ῾Ρωμαίων, αἷς ὅμορα ἦν ἔθνη τὰ μὴ ὑποτασσόμενα τῇ ἡμετέρᾳ ἡγεμονίᾳ, τοὺς ὅρους ἐπεύξησα (= ἐπηύξησα). Γαλατίας καὶ ῾Ισπανίας, ὁμοίως δὲ καὶ Γερμανίαν καθὼς ᾽Ωκεανὸς περικλείει ἀπὸ Γαδείρων μέχρι στόματος ῎Αλβιος ποταμοῦ ἐν εἰρήνῃ κατέστησα. ῎Αλπης ἀπὸ κλίματος τοῦ πλησίον Εἰονίου κόλπου μέχρι Τυρρηνικῆς θαλάσσης εἰρηνεύεσθαι πεπόηκα, οὐδενὶ ἔθνει ἀδίκως ἐπενεχθέντος πολέμου. Στόλος ἐμὸς διὰ ᾽Ωκεανοῦ ἀπὸ στόματος ῾Ρήνου ὡς πρὸς ἀνατολὰς μέχρι ἔθνους Κίμβρων διέπλευσεν, οὗ οὔτε κατὰ γῆν οὔτε κατὰ θάλασσαν ῾Ρωμαίων τις πρὸ τούτου τοῦ χρόνου προσῆλθεν· καὶ Κίμβροι καὶ Χάλυβες καὶ Σέμνονες ἄλλα τε πολλὰ ἔθνη Γερμανῶν διὰ πρεσβειῶν τὴν ἐμὴν φιλίαν καὶ τὴν δήμου ῾Ρωμαίων ᾐτήσαντο. ᾽Εμῇ ἐπιταγῇ καὶ οἰωνοῖς αἰσίοις δύο στρατεύματα ἐπέβη Αἰθιοπίᾳ καὶ ᾽Αραβίᾳ τῇ εὐδαίμονι καλουμένῃ, μεγάλας τε τῶν πολεμίων δυνάμεις κατέκοψεν ἐν παρατάξει καὶ πλείστας πόλεις δοριαλώτους ἔλαβεν καὶ προέβη ἐν Αἰθιοπίᾳ μέχρι πόλεως Ναβάτης, ἥτις ἐστὶν ἔνγιστα Μερόῃ, ἐν ᾽Αραβίᾳ δὲ μέχρι πόλεως Μαρίβας.

27. Αἴγυπτον δήμου ῾Ρωμαίων ἡγεμονίᾳ προσέθηκα. ᾽Αρμενίαν τὴν μείζονα ἀναιρεθέντος τοῦ βασιλέως δυνάμενος ἐπαρχείαν ποῆσαι μᾶλλον ἐβουλήθην κατὰ τὰ πάτρια ἡμῶν ἔθη βασιλείαν Τιγράνῃ, ᾽Αρταουάσδου υἱῷ, υἱωνῷ δὲ Τιγράνου βασιλέως, δοῦναι διὰ Τιβερίου Νέρωνος, ὃς τότε μου πρόγονος ἦν· καὶ τὸ αὐτὸ ἔθνος ἀφιστάμενον καὶ ἀναπολεμοῦν δαμασθὲν ὑπὸ Γαΐου τοῦ υἱοῦ μου βασιλεῖ ᾽Αριοβαρζάνει, βασιλέως Μήδων ᾽Αρταβάζου υἱῷ, παρέδωκα καὶ μετὰ τὸν ἐκείνου θάνατον τῷ υἱῷ αὐτοῦ ᾽Αρταουάσδῃ· οὗ ἀναιρεθέντος Τιγράνῃ, ὃς ἦν ἐκ γένους ᾽Αρμενίου βασιλικοῦ, εἰς τὴν βασιλείαν ἔπεμψα. ᾽Επαρχείας ἁπάσας, ὅσαι πέραν τοῦ Εἰονίου κόλπου διατείνουσι πρὸς ἀνατολάς, καὶ Κυρήνην ἐκ μείσζονος (= μείζονος) μέρους ὑπὸ βασιλέων κατεσχημένας καὶ ἔμπροσθεν Σικελίαν καὶ Σαρδὼ προκατειλημμένας (= προκατειλημμένας) πολέμῳ δουλικῷ ἀνέλαβον.

63

28. Ἀποικίας ἐν Λιβύῃ, Σικελίᾳ, Μακεδονίᾳ, ἐν ἑκατέρᾳ τε Ἱσπανίᾳ, Ἀχαίᾳ, Ἀσίᾳ, Συρίᾳ, Γαλατίᾳ τῇ περὶ Νάρβωνα, Πισιδίᾳ στρατιωτῶν κατήγαγον. Ἰταλία δὲ εἴκοσι ὀκτὼ ἀποικίας ἔχει ὑπ' ἐμοῦ καταχθείσας, αἳ ἐμοῦ περιόντος πληθύουσαι ἐτύνχανον.

29. Σημέας στρατωτικὰς πλείστας ὑπὸ ἄλλων ἡγεμόνων ἀποβεβλημένας νικῶν τοὺς πολεμίους ἀπέλαβον ἐξ Ἱσπανίας καὶ Γαλατίας καὶ παρὰ Δαλματῶν. Πάρθους τριῶν στρατευμάτων Ῥωμαίων σκῦλα καὶ σημέας ἀποδοῦναι ἐμοὶ ἱκέτας τε φιλίαν δήμου Ῥωμαίων ἀξιῶσαι ἠνάγκασα. Ταύτας δὲ τὰς σημέας ἐν τῷ Ἄρεως τοῦ Ἀμύντορος ναοῦ ἀδύτῳ ἀπεθέμην.

30. Παννονίων ἔθνη, οἷς πρὸ ἐμοῦ ἡγεμόνος στράτευμα Ῥωμαίων οὐκ ἤνγισεν, ἡσσηθέντα ὑπὸ Τιβερίου Νέρωνος, ὃς τότε μου ἦν πρόγονος καὶ πρεσβευτής, ἡγεμονίᾳ δήμου Ῥωμαίων ὑπέταξα τά τε Ἰλλυρικοῦ ὅρια μέχρι Ἴστρου ποταμοῦ προήγαγον. Οὗ ἐπείταδε (= ἐπίταδε) Δάκων διαβᾶσα πολλὴ δύναμις ἐμοῖς αἰσίοις οἰωνοῖς κατεκόπη, καὶ ὕστερον μεταχθὲν τὸ ἐμὸν στράτευμα πέραν Ἴστρου τὰ Δάκων ἔθνη προστάγματα δήμου Ῥωμαίων ὑπομένειν ἠνάγκασεν.

31. Πρὸς ἐμὲ ἐξ Ἰνδίας βασιλέων πρεσβεῖαι πολλάκις ἀπεστάλησαν οὐδέποτε πρὸ τούτου χρόνου ὀφθεῖσαι παρὰ Ῥωμαίων ἡγεμόνι. Τὴν ἡμετέραν φιλίαν ἠξίωσαν διὰ πρέσβεων Βαστάρναι καὶ Σκύθαι καὶ Σαρματῶν οἱ ἐπίταδε ὄντες τοῦ Τανάιδος ποταμοῦ καὶ οἱ πέραν δὲ βασιλεῖς, καὶ Ἀλβανῶν δὲ καὶ Ἰβήρων καὶ Μήδων βασιλέες (= βασιλεῖς).

32. Πρὸς ἐμὲ ἱκέται κατέφυγον βασιλεῖς Πάρθων μὲν Τειριδάτης καὶ μετέπειτα Φραάτης, βασιλέως Φράτου υἱός, Μήδων δὲ Ἀρταουάσδης, Ἀδιαβηνῶν Ἀρταξάρης, Βριτανῶν Δομνοελλαῦνος καὶ Τινκόμμιος, Σουγάμβρων Μαίλων, Μαρ-

κομάνων Σουήβων . . . . . ρος. Πρὸς ἐμὲ βασιλεὺς Πάρθων Φραάτης 'Ωρώδου υἱὸς υἱούς αὐτοῦ υἱωνούς τε πάντας ἔπεμψεν εἰς 'Ιταλίαν, οὐ πολέμῳ λειφθείς, ἀλλὰ τὴν ἡμετέραν φιλίαν ἀξιῶν ἐπὶ τέκνων ἐνεχύροις. Πλεῖστά τε ἄλλα ἔθνη πεῖραν ἔλαβεν δήμου 'Ρωμαίων πίστεως ἐπ' ἐμοῦ ἡγεμόνος, οἷς τὸ πρὶν οὐδεμία ἦν πρὸς δῆμον 'Ρωμαίων πρεσβειῶν καὶ φιλίας κοινωνία.

33. Παρ' ἐμοῦ ἔθνη Πάρθων καὶ Μήδων διὰ πρέσβεων τῶν παρ' αὐτοῖς πρώτων βασιλεῖς αἰτησάμενοι ἔλαβον· Πάρθοι Ούονώνην, βασιλέως Φράτου υἱόν, βασιλέως 'Ωρώδου υἱωνόν, Μῆδοι 'Αριοβαρζάνην, βασιλέως 'Αρταβάζου υἱόν, βασιλέως 'Αριοβαρζάνου υἱωνόν.

34. 'Εν ὑπατείᾳ ἕκτῃ καὶ ἑβδόμῃ μετὰ τὸ τοὺς ἐνφυλίους ζβέσαι (= σβέσαι) με πολέμους κατὰ τὰς εὐχὰς τῶν ἐμῶν πολειτῶν ἐνκρατὴς γενόμενος πάντων τῶν πραγμάτων ἐκ τῆς ἐμῆς ἐξουσίας εἰς τὴν τῆς συνκλήτου καὶ τοῦ δήμου τῶν 'Ρωμαίων μετήνεγκα κυριήαν. 'Εξ ἧς αἰτίας δόγματι συνκλήτου Σεβαστὸς προσηγορεύθην καὶ δάφναις δημοσίᾳ τὰ πρόπυλα μου ἐστέφθη, ὅ τε δρύινος στέφανος ὁ διδόμενος ἐπὶ σωτηρίᾳ τῶν πολειτῶν ὑπεράνω τοῦ πυλῶνος τῆς ἐμῆς οἰκίας ἀνετέθη ὅπλον τε χρυσοῦν ἐν τῷ βουλευτηρίῳ ἀνατεθὲν ὑπό τε τῆς συνκλήτου καὶ τοῦ δήμου τῶν 'Ρωμαίων διὰ τῆς ἐπιγραφῆς ἀρετὴν καὶ ἐπείκειαν (= ἐπιείκειαν) καὶ δικαιοσύνην καὶ εὐσέβειαν ἐμοὶ μαρτυρεῖ. 'Αξιώματι πάντων διήνεγκα, ἐξουσίας δὲ οὐδέν τι πλεῖον ἔσχον τῶν συναρξάντων μοι.

35. Τρισκαιδεκάτην ὑπατείαν ἄγοντός μου ἥ τε σύνκλητος καὶ τὸ ἱππικὸν τάγμα ὅ τε σύνπας δῆμος τῶν 'Ρωμαίων προσηγόρευσέ με πατέρα πατρίδος καὶ τοῦτο ἐπὶ τοῦ προπύλου τῆς οἰκίας μου καὶ ἐν τῷ βουλευτηρίῳ καὶ ἐν τῇ ἀγορᾷ τῇ Σεβαστῇ ὑπὸ τῷ ἅρματι, ὅ μοι δόγματι συνκλήτου ἀνετέθη, ἐπιγραφῆναι ἐψηφίσατο. Ὅτε ἔγραφον ταῦτα, ἦγον ἔτος ἑβδομηκοστὸν ἕκτον.

App. 1. Συγκεφαλαίωσις ἠριθμημένου χρήματος εἰς τὸ αἰράριον ἢ εἰς τὸν δῆμον τὸν Ῥωμαίων ἢ εἰς τοὺς ἀπολελυμένους στρατιώτας· ἑξ μυριάδες μυριάδων.

App. 2. Ἔργα καινὰ ἐγένετο ὑπ' αὐτοῦ ναοὶ μὲν Ἄρεως, Διὸς Βροντησίου καὶ Τροπαιοφόρου, Πανός, Ἀπόλλωνος, θεοῦ Ἰουλίου, Κυρείνου, Ἀθηνᾶς, Ἥρας βασιλίδος, Διὸς Ἐλευθερίου, ἡρώων, θεῶν πατρίων, Νεότητος, Μητρὸς θεῶν, βουλευτήριον σὺν Χαλκιδικῷ, ἀγορὰ Σεβαστή, θέατρον Μαρκέλλου, βασιλικὴ Ἰουλία, ἄλσος Καισάρων, στοαὶ ἐν

App. 3. Παλατίῳ, στοὰ ἐν ἱπποδρόμῳ Φλαμινίῳ. Ἐπεσκευάσθη τὸ Καπιτώλιον, ναοὶ ὀγδοήκοντα δύο, θέατρον Πομπηίου,

App. 4. ὁδὸς Φλαμινία, ἀγωγοὶ ὑδάτων. Δαπάναι δὲ εἰς θέας καὶ μονομάχους καὶ ἀθλητὰς καὶ ναυμαχίαν καὶ θηρομαχίαν δωρεαί τε ἀποικίαις πόλεσιν ἐν Ἰταλίᾳ, πόλεσιν ἐν ἐπαρχείαις σεισμῷ καὶ ἐνπυρισμοῖς πεπονηκυίαις ἢ κατ' ἄνδρα φίλοις καὶ συνκλητικοῖς, ὧν τὰς τειμήσεις προσεξεπλήρωσεν, ἄπειρον πλῆθος.

ANMERKUNGEN

Die Überschrift (praescriptum) stammt wohl aus dem Begleitschreiben des Senats an die Ankyraner bei Übermittlung der Abschrift des index (Verzeichnis) rerum gestarum, wie Sueton dieses Schriftwerk nennt.

1. Augustus ist geboren am 23. September 63 v. Chr. und starb am 19. August 14 n. Chr. zu Nola in Campanien. Demnach war er im Jahre 44 v. Chr. 19 Jahre alt. – Von der Gewaltherrschaft der Partei des Antonius, dessen Name Augustus nicht nennt, rettete er die Freiheit des Staates durch die Kämpfe bei Mutina (Modena) 44 v. Chr., bei Philippi 42 v. Chr. und bei Actium 31 v. Chr. und wird seit dieser Zeit auf Münzen als libertatis p. R. vindex (Beschützer der Freiheit des römischen Volkes) bezeichnet. – Gaius Pansa und Aulus Hirtius waren die Konsuln des Jahres 43 v. Chr. Im gleichen Jahre wird nach deren Tod in der Schlacht Augustus Konsul. – Proprätor (pro praetore, propraetor = für den Prätor) bedeutet gewesener Prätor. Er war noch in der Kaiserzeit Statthalter einer Provinz, ohne militärisches Kommando; Amtsdauer gewöhnlich ein Jahr. Ebenso hieß in der späteren Zeit der Republik und in der Kaiserzeit der gewesene Konsul pro consule, proconsul = für den Konsul, insofern er einen solchen als Feldherr oder Statthalter mit der Amtsgewalt eines Konsuls vertrat.

2. Im Jahre 45 v. Chr. wurde der junge Octavianus von Gaius Julius Caesar adoptiert. – Die Caesarmörder Brutus und Cassius wurden in der Doppelschlacht bei Philippi im Jahre 42 v. Chr. geschlagen.

3. Hier gibt Augustus in allgemeinen Sätzen eine Rückschau über ein vollendetes Leben. Seinem Heer, dessen Oberbefehl er seit dem 7. Januar 43 nicht mehr abgegeben hat, verdankt er seine Erfolge. Die Feinde erfuhren seine misericordia (Mitleid), seine Helfer seine liberalitas (Freigebigkeit). Vgl. Weber S. 151 bis 153.

4. Beim kleinen Triumph (ovatio) hielt der Feldherr nach errungenem Siege nur zu Pferd oder zu Fuß, einen Myrtenkranz auf dem Haupte, seinen siegreichen Einzug in die Hauptstadt. Ein solcher war Augustus zuerkannt im Jahre 40 v. Chr. nach dem Friedensschluß mit Marcus Antonius und 36 v. Chr. nach den Siegen über Sextus Pompeius. Beim großen Triumphzug wurde der Feldherr in Prozession vom Senat eingeholt und auf das Kapitol geleitet, wobei der triumphierende Feldherr auf einem von vier weißen Rossen gezogenen Prunkwagen stand, in goldgesticktem Purpurgewand, das elfenbeinerne Adlerszepter in der Hand und Lorbeer auf dem Haupte, gleichsam die Verkörperung des siegreichen Jupiter, dem der Triumph eigentlich galt. Den großen Triumph feierte Augustus dreimal, nach den Siegen über die Pannonier und Dalmatier, nach der Schlacht bei Actium und der Eroberung von Ägypten am 13., 14. und 15. August des Jahres 29 v. Chr. Damals befanden sich unter den vor dem Triumphwagen geführten Königen und Königskindern die Kinder der Cleopatra: Alexander-Helios und Cleopatra-Selene. – Imperator ist ein Ehrentitel, den ein Feldherr nach einem ansehnlichen Siege vom Heere und Senate erhielt. – Drei Ablehnungen von Triumphen sind bekannt, nämlich 25 v. Chr., 20/19 v. Chr. und 8 v. Chr. Vgl. Weber S. 157* Nr. 581. – Das 37. Jahr der tribunicischen Gewalt des Augustus war dessen Todesjahr 14 n. Chr. Die tribunicische Gewalt (tribunicia potestas) verschaffte ihrem Inhaber eine außerordentliche Machtfülle. Die Plebs (vgl. Bemerkung zu Kap. 15) wählte seit 494 v. Chr. Volkstribunen (tribunus plebis oder plebi, häufiger bloß tribunus genannt). Sie waren der bekannte Schutzmagistrat des römischen Plebejerstandes. Dies revolutionäre Amt wurde später weiter ausgebaut und zu einer ständigen Einrichtung. Die Tribunen hatten das Recht und die Pflicht, jeden Plebejer vor Übergriffen der Patrizier (vgl. Bemerkung zu

Kap. 8) zu bewahren. Ferner hatten sie das Einspruchsrecht (veto = ich verbiete) gegen alle Handlungen der curulischen (= höheren) Beamten, sogar der Konsuln und des Senats. Auch konnten sie selbständig Versammlungen der Plebs einberufen und gültige Beschlüsse fassen lassen. Später verhandelten sie auch mit dem Senat. Die Grundlage dieser außerordentlichen Machtfülle war die ursprünglich nur von der Plebs garantierte persönliche Unverletzlichkeit (sacrosanctus = unantastbar, unverletzlich, von sacer = einem Gotte geweiht, heilig und sanctus = durch religiöse Weihe unverletzlich gemacht). In der Kaiserzeit wurde die Machtbefugnis der Tribunen mehr und mehr beschränkt. Um 250 n. Chr. erlosch das Amt als solches; das Wort tribunus bezeichnete seitdem Unterbeamte verschiedener Art.

5. Marcus Marcellus und Lucius Arruntius waren die Konsuln des Jahres 22 v. Chr. – Die Diktatur war das höchste Staatsamt der Notzeiten. Der Diktator hatte unumschränkte Gewalt auch in der Stadt und konnte für seine Handlungen nicht zur Rechenschaft gezogen werden. Das Amt legte ungeheure Machtmittel in die Hand eines einzigen Mannes; daher war seine Dauer auf höchstens 6 Monate = 1 Kriegssommer befristet. Dieses Amt, das seit 217 v. Chr. in seiner alten legalen Form tot war, das Sulla einst mit Waffengewalt an sich gebracht hatte und schließlich auf den Antrag des Antonius nach den Iden des März 44, der Ermordung Caesars, verfemt worden war (Weber S. 160), wies Augustus zurück. Der Sorge um die Verpflegung des Volkes aber entzog er sich nicht, sondern steuerte der Not durch Übernahme der cura annonae (Sorge für den Getreidemarkt).

6. Marcus Vinucius und Quintus Lucretius sind die Konsuln des Jahres 19, Publius und Gnaeus Lentulus die des Jahres 18, Paullus Fabius Maximus und Quintus Tubero die des Jahres 11 v. Chr. – Zu der Zurück-

weisung des dem Augustus von Senat und Volk an-
gebotenen Amtes eines alleinigen Hüters der Gesetze
und Sitten bemerkt Weber S. 162: „Kein Amt nahm
er an, das mit dem Brauch der Väter unvereinbar war.
Vor dem Senat und seinem Volk versichert er hier, daß
Gesetz und Tradition des Staats ihm höher stehen
als alles. Darum schlägt er ein neues, für ihn mit wei-
testgehenden Vollmachten ausgestattetes Amt, das ihn
allen legalen Beamtungen übergeordnet und ihm die
Möglichkeit gegeben hätte, rücksichtslos durchgreifend
die schweren Schäden in Staat und Gesellschaft zu
heilen, unbedenklich aus, da er persönliche Überhebung
nicht kennt, mindestens nicht duldet. Aber es geht
ihm dabei nicht um starren Doktrinarismus, der un-
fruchtbar werden, die res publica benachteiligen kann.
Es geht ihm vielmehr um beispielhaftes Wirken. Denn
die Aufgabe als solche, alles, was der Senat seiner
cura anvertraut wissen wollte, erledigte er, da er der
vindex libertatis (Wahrer der Freiheit), ihr custos
(Wächter), der tutor (Schützer) dieses populus war.
Er führte es ohne Spezialamt, nur auf Grund der
tribunicia potestas (tribunicische Gewalt) durch, die
kein Amt war und die er schon seit 36 v. Chr. besaß.“

7. Dieses Kapitel enthält eine nüchtern sachliche Auf-
zählung von staatlichen und sakralen Titeln. Es ist
eine solche Anhäufung von Termini des öffentlichen
Lebens, daß man unmittelbar unter dem Eindruck
steht, das Ganze stelle eine Ehreninschrift oder ein
Stück aus einer solchen dar (Weber S. 166).

Das sogenannte 2. Triumvirat schlossen Octavianus,
Lepidus und Antonius. Dieses wurde nachträglich sank-
tioniert; durch Gesetz vom 27. November 43 wurde
den 3 Männern konsularische Amtsgewalt zur Wiederherstellung des Staates übertragen. Es dauerte bis zum
31. Dezember 38 und wurde dann erneuert fortgesetzt
vom 1. Januar 37 bis 31. Dezember 33 v. Chr. – Aus
den ältesten, erfahrensten Männern wählte der Konsul

bei Amtsantritt den princeps senatus, den Führer des
Senates, für das laufende Jahr. Dieser leitete nicht die
Sitzungen, sondern sprach in der Debatte zuerst und
gab als erster seine Stimme ab. Augustus war princeps
senatus 28 v. Chr. bis 14 n. Chr., also 40 Jahre; es sind
dabei die vollen Jahre gezählt ohne das erste und letzte.
– Die pontifices (Oberpriester) waren nicht Priester be-
sonderer Götter, sondern hatten die Aufsicht über Re-
ligion und ihre Gebräuche; ihr Kollegium bestand anfangs aus 4, seit 300 v. Chr. aus 8, seit Sulla aus 15
Mitgliedern, ihr Haupt oder Vorsteher war der pontifex
maximus = Hoherpriester. – Die Auguren (Vogeldeuter)
bildeten ein angesehenes und einflußreiches Priesterkollegium. Sie erholten durch Beobachten von Vögeln,
ihres Fluges, Fressens, Geschreis, innerhalb eines ab-
gegrenzten Raumes (= templum) Zustimmung für An-
gelegenheiten des öffentlichen Wohles. – Die fratres
arvales und die sodales Titii waren uralte Priester-
schaften, die Augustus erst wieder einführte. Erstere
hatten die Feier des Flurumganges im Frühling, der
die Saaten vor Gefahr schützen soll, abzuhalten. Die
letzteren, von Titus Tatius (König der Sabiner, später
des Romulus Mitregent) angeordnet, waren ein die
sabinischen Sacra besorgendes Priesterkollegium. – Die
Fetialen (Kriegsherolde, Bundespriester) waren ein
Kollegium von 20 Priestern, dem die Aufrechterhal-
tung des Völkerrechtes übertragen war.

8. Der Inhalt des Kapitels behandelt die Tätigkeit des
Augustus, die in alten Zeiten den Zensoren zustand;
sie betrifft die Mehrung der Patrizier, die dreimalige
lectio senatus (Verlesen und Säuberung des Senates),
den dreimaligen census populi (Volksabschätzung) mit
dem ihn jeweilig beschließenden lustrum (Sühnopfer)
und seine Gesetzgebung zur Wiederbelebung der mores
maiorum (Sitten der Vorfahren, Vätersitte). Vgl. Weber S. 169–70. – Patrizier nannten sich die Angehörigen
der ältesten römischen Adelsfamilien. In den ältesten

71

Zeiten besaßen die wenig zahlreichen Geschlechter die gesamte politische Macht durch Zugehörigkeit zum Senat und Verwaltung des Konsulats. Seit dem Ständekampf teilten sie dieselbe mit den reichen plebejischen Geschlechtern. Sie bildeten mit ihnen den neuen Beamtenadel, die Nobilität, hielten sich aber auch damals als höchste Gesellschaft Roms von den anderen fern. Seit dem 1. Jahrhundert v. Chr. starben die patrizischen Geschlechter aus. Neue Patrizier zu ernennen wurde Caesar und Augustus durch Gesetz gestattet. – Das 5. Konsulat des Augustus fällt in das Jahr 29 v. Chr., das 6. Konsulat in das Jahr 28 v. Chr. – Durch die Senatsauslesen der Jahre 28 und 8 v. Chr. und 14 n. Chr. wurde der Senat von untauglichen und unwürdigen Mitgliedern gesäubert. – Lustrum bedeutet Reinigungsopfer, Sühnopfer, besonders das, womit die Steuereinschätzung der römischen Bürger (census) abgeschlossen wurde. – Die letzte Schätzung früherer Zeiten hatte im Jahre 70/69 v. Chr. stattgefunden und die Zahl von 1 000 000 römischer Bürger ergeben. Die Schätzungen unter Augustus fielen in die gleichen Jahre wie die Senatsauslesen (28 und 8 v. Chr. und 14 n. Chr.). – Gaius Censorinus und Gaius Asinius waren die Konsuln des Jahres 8 v. Chr., Sextus Pompejus und Sextus Appuleius die des Jahres 14 n. Chr. Diese drei Volkszählungen beziehen sich nur auf römische Bürger und zeigen ihr Ansteigen in der Regierungszeit des Augustus. – Erneuerung des Volkes aus dem Geist der Väter war der Zweck der in diesem Kapitel angegebenen Reformen des Augustus.

9. Im 9. Kapitel gibt Augustus an, wie Senat und Volk für sein Wohlergehen besorgt waren. Hierzu führt Weber S. 172 folgendes aus: „Auch hier überblickt Augustus die Zeit von 30 v. Chr., wo jener Senatsbeschluß gefaßt wurde, bis zu den letzten Wochen im Sommer 14 n. Chr. Aus aller Verhaltenheit spürt man den Stolz des Sprechenden, der, im Rahmen der

moderatio (Mäßigung) bleibend, diese Tatsachen wirken lassen kann, den Senatsbeschluß, der die Grundlage schafft, die vota (Gelübde), die ludi (Spiele), die supplicationes (Anflehungen), die Bereitschaft der höchsten Beamten und der Priester, die umfassende Hingabe der Gemeinschaft, aus deren consensus (Übereinstimmung) der heiße Wunsch aufsteigt, ihn lange erhalten zu sehen, die Gnade selbst der Götter, die von der Hilfe des aktischen Apollon an zur Vollendung des optimus status (bester Zustand) ihn behüteten. Nicht er erhöht sich; aus Wunsch und Wirken der Gemeinschaft tritt wie aus einem Spiegel seine Erhöhung über alle einzelnen Bürger, seine Einordnung in die Gemeinschaft neben den Senat als Körperschaft und das Volk als Inbegriff und Träger der res publica in der religiösen Sphäre ihres Lebens."

10. Mit der Aufnahme seines Namens in das Salierlied im Jahre 29 v. Chr. wurde Augustus in dieser Hymne neben den anderen Göttern feierlich angerufen. – Die Salier (Springer) hielten alljährlich im März und Oktober, also am Anfang und Ende der Kriegszeit (im Winter ruhte der Krieg) einen Kulttanz zu Ehren des Kriegsgottes Mars ab; der Tanz und das Lied sollten dessen Gunst erbitten. – Die Ablehnung des Oberpontifikats zu Lebzeiten seines Amtsgenossen Lepidus erfolgte 36 v. Chr., die Annahme desselben nach dessen Tod im Jahre 12 v. Chr., im Konsulatsjahr des Publius Sulpicius und Gaius Valgius.

11. Kapitel 11 und 12 sprechen von besonderen Ehrungen, die Augustus vom Senat zuerkannt wurden. Bei der Rückkehr des Augustus aus Syrien im Jahre 19 v. Chr. schritt der Senat zur Stiftung eines Altars zum Dank an Fortuna Redux (die Heimkehr gewährende Göttin) beim Capenischen Tor. Es war das eines der Haupttore der servischen Mauer des alten Roms am Fuße des Caelius, durch welches die Appische Straße führte, später natürlich innerhalb der Stadt gelegen. Der Altar

wurde vor den Tempeln der „Ehre" und der „Tapferkeit" errichtet. Am 12. Oktober 19 v. Chr. unter dem Konsulate des Quintus Lucretius und des Marcus Vinucius (im Antiochenum Vinicius) war Augustus nach dreieinhalbjähriger Abwesenheit in Griechenland und im Orient in die Hauptstadt Rom zurückgekehrt. – Die sechs Vestalischen Jungfrauen hüteten das Heilige Herdfeuer der Vesta und bereiteten die für den Opferdienst notwendigen Speisen.

12. Die Rückkehr des Augustus aus Spanien und Gallien erfolgte am 4. Juli 13 v. Chr. An diesem Tage wurde die ara Pacis (Friedensaltar) gestiftet, eingeweiht am 30. Januar 9 v. Chr. Von diesem Altar sind uns viele Reliefplatten erhalten, die an der Außenseite angebracht waren. Wir sehen darauf den Kaiser mit seiner Familie und die Senatoren in feierlicher Prozession neben Darstellungen aus der römischen Sage und allegorischen Bildern wie der Mutter Erde. Vgl. Volkmann, Der Prinzipat des Augustus, S. 17. – „Aus glückhaftem Gelingen erwächst der Friede, und Pax Augusta (Augustus-Frieden) ist das Sinnbild der Zeit. Dieser Gedanke wird weitergesponnen und jetzt verallgemeinert" (Weber S. 176).

13. Janus ist ein altitalischer Gott entweder des Sonnenlaufs oder der Haustür, des Aus- und Eingangs, im eigentlichen Sinn, dann übertragen der Gott des Anfangs und Endes. Man stellte ihn doppelköpfig, mit dem Blick nach vorn und nach hinten, dar. Der sogenannte „Tempel des Janus" im Rom war eigentlich ein Doppeltor auf dem Forum Romanum, ein uralter Bau, noch im 6. Jahrhundert n. Chr. unverändert erhalten. Er stand im Kriege offen und war im Frieden geschlossen. Das erstemal wurde er geschlossen unter der Regierung des Numa Pompilius, des 2. Königs der Römer und angeblichen Erbauers des Tores, das zweitemal nach dem 1. Punischen Kriege im Jahre 519 seit Gründung der Stadt (= 237 v. Chr.). Augustus schloß

ihn dreimal; die erste Schließung erfolgte 29 v. Chr., die zweite 25 v. Chr., das Datum der dritten Schließung ist ungewiß. – Princeps, zu primus und capio gehörig, bedeutet eigentlich „der bei der Verteilung der Beute zuerst nimmt" oder „der die erste Stelle einnimmt". Von Augustus bis Diocletianus war princeps Kaisertitel. Das ältere Kaisertum bezeichnet man als Prinzipat; weil Augustus die höchste Gewalt im Staate am 13. Januar 29 v. Chr. als princeps civium = Erster oder Führer der Bürger (nicht des Senats) übernommen hatte.

14. Gaius und Lucius Caesar waren die Enkel des Augustus, die Söhne des Agrippa und der Tochter des Augustus Julia. Im Jahre 17 v. Chr. hatte er sie adoptiert. „Er glaubte", wie Weber S. 179 ausführt, „an die Berufung des julischen Bluts zur außergewöhnlichen Leistung, zum Prinzipat unter allen Römern, zum Prinzipat selber." Lucius Caesar starb aber schon 2 n. Chr., Gaius Caesar 4 n. Chr. – Die Juventus war ein von Augustus organisierter Jugendbund mit dem Ziele, durch militärische Übungen eine körperlich und geistig starke Generation heranzubilden. – Die durch Senat, Volk und Ritterschaft den beiden Prinzen erwiesenen Ehren, durch die sie als die Ersten, die principes der Jungmannschaft des Volkes bezeichnet werden, betrachtet der Herrscher mit Wohlgefallen als Ehre und Dank für seine eigene Person. Die angegebenen Ehrungen des C. Caesar erfolgten im Jahre 5 v. Chr., die des L. Caesar im Jahre 2 v. Chr.

15. Die einheitliche Gruppe der Kapitel 15 bis 18 behandelt die Aufwendungen an Geld, die die liberalitas (Freigebigkeit) und munificentia (Wohltätigkeit) des verewigten Augustus bezeugen. Dabei meldet Kapitel 15 von den Spenden an die römische Plebs und an die Militärkolonisten. – Die Plebs Romana ist die große Masse der hauptstädtischen Bevölkerung, rangmäßig geschieden von den Patriziern. Die später genannten 320 000 Mitglieder der Plebs Urbana und die im letzten

Satz des Kapitels erwähnten 200 000 Mitglieder der „Plebs, die damals Getreide zu empfangen pflegte", werden in Wahrheit ungefähr den gleichen Kreis von Beteiligten umfassen, wenn auch die veränderte Bezeichnung mit juristischer Genauigkeit auf eine inzwischen erfolgte Neuordnung der hauptstädtischen Bevölkerung hinzuweisen scheint (Schultz S. 54 Anm. 3). – Die Not des Proletariats blieb in der Kaiserzeit das schwerste Problem in Rom, das auch durch die großen Finanzmittel der Kaiser nur scheinbar gelöst wurde. Reiche Getreidespenden und Fürsorge für die Kinderreichen, Witwen und Waisen bannten nur das größte Elend. – Der Name sestertius, ergänze nummus = Münze, bedeutet „2 As + der dritte halb (semis)", ebenso die Abkürzung für Sesterz = IIS, später HS = II 1/2 (S = semis). Zur Umrechnung in Mark dividiert man die HS-Summe mit 5, z. B. 1000 HS = 200 Mark. Der Sesterz war eine römische Silbermünze von ungefähr 20 Pfennigen. – Der Denar (denarius) war eine römische Silbermünze, der griechischen Drachme entsprechend, ursprünglich je 10 (lateinisch deni), später 16 As, etwa 80 Pfennig. – Die Zeitangaben betreffen folgende Jahre: 44 v. Chr. (aus dem Vermächtnis seines Adoptivvaters C. Julius Caesar), 5. Konsulat 29 v. Chr. (nach den Triumphen des Monats August, hauptsächlich aus der ägyptischen Beute), 10. Konsulat 24 v. Chr., 11. Konsulat 23 v. Chr., 12. Jahr der tribunicischen Gewalt 12 v. Chr., 12. Konsulat 5 v. Chr., 13. Konsulat 2 v. Chr. – Die in diesem Kapitel aufgezählten Spenden ergeben abgesehen von den Getreidespenden die Summe von 619 Millionen Sesterzen, rund 108 Millionen Reichsmark. Augustus bezahlte sie teils aus dem von seinem Vater Octavius und seinem Adoptivvater Caesar ererbten Vermögen, teils aus der großen Beute nach der Eroberung Ägyptens, teils aus Vermächtnissen seiner Freunde, z. B. des Agrippa (Schultz S. 55 Anm. 4).

16. Kapitel 16 gibt die Aufwendungen für den Erwerb italischen und provinzialen Ackerlands zugunsten der Militärkolonisten und für die in ihre Heimatgemeinden (municipia) entlassenen Veteranen an. – Municipium bedeutet eine Stadt außer Rom, besonders in Italien, die nach eigenen Gesetzen von eigenen Magistraten (decuriones) regiert wurde und zugleich das römische Bürgerrecht hatte, d. h. alle Privilegien eines römischen Bürgers genoß. – Für die Zeitangaben kommen folgende Jahre in Betracht: 4. Konsulat 30 v. Chr., Marcus Crassus und Gnaeus Lentulus augur Konsuln 14 v. Chr., Tiberius Nero und Gnaeus Piso 7 v. Chr., Gaius Antistius und Decimus Laelius 6 v. Chr., Gaius Calvisius und Lucius Pasienus 4 v. Chr., Lucius Lentulus und Marcus Messalla 3 v. Chr., Lucius Caninius und Quintus Fabricius 2 v. Chr. – Die Anlage von Kolonien erhielt um 100 v. Chr. neue Bedeutung, weil seit dieser Zeit die Feldherrn ihre ausgedienten Soldaten durch Landverteilung belohnten. Marius und besonders Sulla ließen sich ganze Landschaften des durch den Bürgerkrieg furchtbar verwüsteten Italiens übertragen. Die bisherigen Besitzer, also die italischen Bundesgenossen, wurden enteignet, die Güter neu parzelliert und an die Soldaten verteilt (z. B. Etrurien an Sullas Soldaten). Die harte Maßnahme stellte sich bald als verfehlt heraus. Die verbitterten, um Hab und Gut gebrachten früheren Besitzer zogen nach Rom und vermehrten dort die Masse der staatsgefährdenden Proletarier; die angesiedelten Soldaten verpraßten häufig ihr Gut und kehrten dann als Abenteurer zurück. Diesen Kreisen gehörten z. T. die Mitverschwörer Catilinas an. Trotzdem haben auch später die Triumvirn, besonders Caesar, und dann Augustus (vgl. die Väter des Vergil und Horaz) ihre Soldaten auf diese Weise abgefunden. Seit Caesar solche Kolonien auch in den überseeischen Provinzen, in Spanien, Gallien und Afrika, anlegen ließ, wurde die Romani-

sierung des westlichen Teiles des Reiches sehr gefördert.

17. Dieses Kapitel bringt die Aufwendungen des Augustus zur Stützung der Staatskasse und zur Fundierung der neubegründeten Militär- oder Kriegskasse. Zwei Überweisungen an die Staatskasse sind bekannt, nämlich die vom Jahre 28 v. Chr. für die Spiele zur Feier des Sieges von Actium und die zweite etwa im Jahre 16 v. Chr. zur Wiederherstellung der Straßen (Schultz S. 56 Anm. 2). – Das Konsulatsjahr des Marcus Lepidus und Lucius Arruntius war 6 n. Chr.

18. Hier spricht Augustus von seinen Aufwendungen zur Unterstützung unverschuldet in Not geratener Privater, deren Zahlungsunfähigkeit die Steuereingänge des Staates gefährdeten. – Das Konsulatsjahr des Gnaeus und Publius Lentulus war das Jahr 18 v. Chr. Weber bemerkt hiezu S. 185: „Was er tat, verdanken die Empfänger ausschließlich seiner privaten Initiative, seinen Taten und glücklichen Erfolgen, der Beute aus seinen siegreichen Kriegen, seinem eigenen Vermögen, dem ständig dank seiner Kunst der Menschenbehandlung neue Erbschaften zuströmten, seiner Auffassung vom Beruf des Reichen, den anderen zu schenken und zu helfen, wo Not war, den Helfern und Freunden, den Soldaten und der Plebs, dem Staat und seinen Kassen, seinem Willen, alle Not der Wirrenzeit auszulöschen, Rom und Italien zu neuem Leben zu erwecken, zu schmücken und den status optimus (besten Zustand) als den status felicissimus (glücklichsten Zustand) genießen zu lassen." Über die Wohlfahrtspflege des Augustus vgl. auch Volkmann, Der Prinzipat des Augustus, S. 25/26.

19. Am Denkmal in Ankyra eröffnet eine schwungvolle Initiale des Wortes Curiam die Kolumne IV des lateinischen Textes, die erste Kolumne desjenigen Teils der res gestae, der auf der rechten inneren Antenwand des Tempels von Ankyra zu lesen ist. Es beginnt also

damit die zweite Hälfte des Denkmals mit drei Kolumnen, denen die drei Kolumnen der ersten Hälfte mit der Überschrift auf der linken Seite gegenüberstehen.

Die Kapitel 19—24 dieser 4. Kolumne bilden eine Einheit und geben „das Bild eines herrscherlich selbstlos schenkenden Bürgers, der als Bauherr und Spielgeber handelt wie keiner zuvor, der alles für die Götter und die Gemeinschaft, nichts um seinetwillen unternimmt" (Weber S. 186). Kapitel 19 bringt einen wortkargen Bericht von den öffentlichen (staatlichen) Neubauten des Augustus. – Curia ist das Rathaus Roms. Es soll von dem König Tullus Hostilius erbaut sein und hieß Curia Hostilia. Diesen Bau ersetzte Julius Caesar durch einen neuen, der ihm zu Ehren Curia Julia heißt; die Curia Julia ersetzte Augustus durch einen Neubau im Jahre 42 v. Chr. – Das Chalcidicum (von Chalkis auf Euböa) ist ein Heiligtum (Kapelle) der Chalcidischen Minerva, verschieden von dem weiter unten genannten Tempel der Minerva. – Der Tempel des Apollo auf dem Palatin wurde errichtet 36 v. Chr. nach dem Siege über Sextus Pompeius bei Mylae auf Sizilien. – Das Lupercal ist nach Cic. ep. 7, 20, 1 und Verg. 8, 343 eine dem lycäischen Pan heilige Grotte am palatinischen Berge; Schultz S. 56 Anm. 5 bezeichnet es als Grotte der Wölfin. – Die octavische Säulenhalle war gegen Ende der Republik abgebrannt und Augustus baute sie im Jahre 33 zur Erinnerung an die gens Octavia wieder auf (Schultz S. 56 Anm. 6). – Pulvinar beim Circus Maximus war die kaiserliche Loge, von der aus, wie Sueton Aug. 45 berichtet, der Kaiser die Circusspiele zu betrachten pflegte. – Feretrius ist Beiname Jupiters, dem die Feldherrnbeute dargebracht und geweiht wurde, Tonans = Donnerer, Beiname des gleichen Gottes. Dem Jupiter Tonans gelobte Augustus einen Tempel im Jahre 26/25 v. Chr. zum Danke für die Rettung aus Blitzgefahr im cantabrischen Feldzuge und weihte diesen ein im Jahre 22

v. Chr. – Quirinus wird Romulus nach seiner Vergötterung genannt. Der Neubau seines Tempels fällt in das Jahr 16 v. Chr. – Lares sind etruskische und römische Schutzgottheiten, Penates die römischen Hauptschutzgottheiten der Familie, sowie des aus dem Familienverbande erwachsenen Staates. – Die Sacra Via begann auf dem Forum Romanum nördlich der Basilica Julia, südlich des Faustinatempels und der Constantinsbasilica, war im Altertum die Hauptgeschäftsstraße mit vornehmen Läden von Juwelieren, Perlenhändlern, Ziseleuren, Gemmenschneidern, Drogisten und endigte auf der Burg von Rom, dem Kapitol. – Velia war ein Bezirk auf der Höhe des Palatin, über dem Vestatempel gelegen, wo die sog. Basilica Constantini und der Tempel der Venus und Roma stand. – Juventas ist die Göttin der Jugend, gleich der griechischen Hebe. – Magna Mater = Große Mutter, eine kleinasiatische Göttin namens Kybele. Ursprünglich war sie ein Fetisch, ein Meteorstein in der kleinasiatischen Stadt Pessinus. Dann wurde sie menschlich gedacht als Mutter alles Lebens. 205/04 holten die Römer in der Not des zweiten Punischen Krieges den Stein aus Pessinus nach Rom.

20. Wiederherstellungen (Restaurierung) von öffentlichen Bauten behandelt das 20. Kapitel. Der Bericht ist „breiter, wortreicher; er spricht vom Aufwand, von der Dedikationsschrift, von den Ursachen des Zustands des älteren Baus, von der Art der Erweiterung des einen, von der Baugeschichte der Basilika, der Sicherung ihrer Vollendung, von der umfassenden Restaurationsarbeit an den alten Tempeln überhaupt; er schränkt sogar die Leistung an der via Flaminia ein" (Weber S. 188). – Unter Capitolium ist hier gemeint der Tempel des Jupiter Capitolinus, der auf der südlichen Kuppe des Burgbergs Roms stand. Reste des Jupitertempels wurden während des Weltkriegs freigelegt und später zu deren Schutz darüber das neue

Antikenmuseum Benito Mussolini errichtet. – Die Wasserleitung des Prätors Q. Marcius Rex stammte aus dem Jahre 144 v. Z.; sie tut ihren Dienst noch heute (Schuster S. 40 zu 20³). – Die hier genannten Tempelerneuerungen fallen in das Jahr 28 v. Chr., die Ausbesserung der via Flaminia erfolgte 27 v. Chr. (7. Konsulatsjahr des Augustus), die Wiederherstellung der Wasserleitungen 5 v. Chr. – Die Mulvische Brücke führte über den Tiber oberhalb Roms an der via Flaminia, heute Ponte Molle in Rom, der Ort der Minucischen Brücke ist nicht bekannt.

21. Hier folgt die dritte Gruppe der Bauten, die auf privatem Grund des Augustus errichtet wurden. Daran sind angefügt die Geschenke an vier Gottheiten des alten Staats, von denen drei mit ihm persönlich aufs engste verbunden sind. Vgl. Weber S. 189. – Den Tempel des Mars Ultor (rächender Mars) erbaute er aus der Kriegsbeute von Philippi; gelobt war derselbe im Jahre 42 in der Schlacht von Philippi, endgültig eingeweiht 2 v. Chr. Er stand auf dem Forum Augustum. Das Theater des Marcellus weihte Augustus 11 v. Chr. Marcus Claudius Marcellus war der Schwestersohn des Augustus, ein gebildeter und talentvoller junger Mann, von dem das römische Volk die größten Erwartungen hegte, dessen Tod (zu Baiae) 731 d. St. = 23 v. Chr. aber die Livia, wie man glaubte, beschleunigte. Julia, die berüchtigte Tochter des Augustus, war die Gattin des Marcellus, die sich später mit Agrippa, dann mit Tiberius verheiratete. – Kronengold (aurum coronarium) nannte man das statt der ursprünglich gegebenen goldenen Krone für einen siegreichen Feldherrn von den Provinzen zusammengebrachte Geldgeschenk. – Das 5. Konsulatsjahr des Augustus ist das Jahr 29 v. Chr.

22. Kapitel 22/23 bringen den fast einförmigen Bericht über 67 auf seine eigenen Kosten oder für andere durchgeführte Schauspiele, geschieden in Gladiatorenspiele, Ringkämpfe, Spiele, Tierhetzen und das Schauspiel

einer Seeschlacht. Dem letzten ist das 23. Kapitel gewidmet, wo des Augustus Bericht ausführlicher ist. Weber bemerkt hiezu S. 190: „Die munera (Gladiatorenspiele) gehören den Toten, sind Verpflichtungen ihnen gegenüber, die ludi (Spiele) den Göttern als Empfängern, die anderen aber, die einer solchen Zweckbestimmung entbehren, sind Geschenke an das Volk Roms." Über die Einzelheiten vgl. auch Weber S. 230* bis 231* Nr. 653. – Die Söhne des Augustus sind Gaius Caesar, adoptiert 17 v. Chr., gestorben 4 n. Chr., und Lucius Caesar, adoptiert 17 v. Chr., gestorben 2 n. Chr., ferner Tiberius, der Nachfolger des Augustus, adoptiert 4 n. Chr. und Agrippa Postumus, adoptiert 4 n. Chr., verstoßen und enterbt 5 n. Chr. Die Enkel Germanicus und Drusus Caesar, die Söhne des Tiberius, wurden zugleich mit dem Vater adoptiert 4 n. Chr. – Das Konsulatsjahr des Gaius Furnius und Gaius Silanus war 17 v. Chr. In diesem Jahre fand die Säkularfeier (Jahrhundertfeier) statt, wozu der Dichter Horaz das Festgedicht (carmen saeculare) schrieb, dessen Strophen abwechselnd von Knaben und Mädchen gesungen wurden.

23. Nach Velleius 2, 100 veranstaltete Augustus das prächtige Schauspiel einer Seeschlacht im Jahre 2 v. Chr. anläßlich der Einweihung des Marstempels (Mars Ultor). Es wurde ein Kampf zwischen Persern und Athenern dargestellt, wobei die Athener siegten. Der Schauplatz des Seegefechts war trans Tiberim, heutzutage Trastevere, beim nemus Caesarum (Caesarenhain, d. i. des Gaius und Lucius Caesar).

24. Augustus spricht hier von Rückerstattungen der Kostbarkeiten (ornamenta), die der Tempelräuber Antonius sich angeeignet hatte, z. B. an die Samier im Jahre 29 v. Chr. Der Sieger über Antonius „sühnt den Frevel an den Göttern, weil es so Gebot ist, gibt ihnen die geraubten Keimelien zurück, gibt aber, wie er selber vom Volk Italiens nichts annimmt, den Göttern Roms

Anteil an der Beute, da sie ihm halfen, das Recht durchzusetzen, das Gleichgewicht der Welt wiederherzustellen; ja er verzichtet sogar auf die sichtbaren Zeugnisse seiner Ehrungen durch Private in der Stadt zugunsten seines Gottes" (Weber S. 190—91). Um den Tempel des Apoll auf dem Palatin mit goldenen Dreifüßen, Schilden und anderen Weihgeschenken schmükken zu können, ließ Augustus 80 silberne Statuen, die ihm Verehrer zu Rom gesetzt hatten, einschmelzen.

25. Wie durch sein Führertum Italien, ja der ganze Erdkreis mit Rom als Mittelpunkt zur Ruhe gebracht wurde, berichtet Augustus in den nachfolgenden Abschnitten. – Das zu Anfang des Kapitels 25 von der Befriedung des Meeres Gesagte bezieht sich auf den Krieg gegen Sextus Pompeius 39 bis 36 v. Chr.; Sizilien wurde dabei wiedergewonnen. – Durch den Treueid Italiens und der Provinzen aus freiem Entschluß und durch die Forderung, Augustus möge die Führung im Kampfe gegen Antonius übernehmen, sowie durch die Hingabe von Senat, Priester und Volk an diesen Kampf, wird der Krieg, der zum Siege bei Aktium (31 v. Chr.) führte, als gerecht anerkannt. Unter diesem Treueid ist nicht ein militärischer Diensteid oder erweiterter Feldherrneid, wie die Mehrzahl der Forscher seit Mommsen annahm, sondern der Gefolgschaftseid gemeint, mit dem schon gelegentlich in der endenden Republik der Patron sein Gefolge zu Treue und standhaftem Ausharren verpflichtete. Man vergleiche hiezu, was Volkmann (Der Prinzipat des Augustus, S. 21) ausführt. Er bemerkt hier: „Aus der Wiederholung des Treueides unter späteren Kaisern können wir mit hoher Wahrscheinlichkeit den Wortlaut des 32 v. Chr. geschworenen Eides erschließen. Wer sich damals zu Octavian als Klient des julischen Hauses bekannte, schwur also: ‚Ich will denen persönlich feind sein (inimicus), die ich als persönliche Feinde des C. Julius Gai filius Caesar erkannt habe, und wenn

jemand ihn und sein Wohlergehen mit Gefahr bedroht oder bedrohen wird, werde ich nicht aufhören, ihn mit Waffengewalt und Krieg zu Wasser und zu Lande zu verfolgen, bis er bestraft worden ist. Ich werde das Wohl des C. Julius Caesar höher stellen als mein eigenes und das meiner Kinder und will diejenigen, die von feindlichem Sinn gegen ihn erfüllt sind, den Staatsfeinden gleichhalten. Wenn ich wissentlich den Eid breche, dann mögen mir und meinen Kindern Juppiter Optimus Maximus und alle die übrigen unsterblichen Götter meines Vaterlandes Leben und Gut rauben.' Mit diesem Eid war eindeutig die Verpflichtung ausgesprochen, für den Gefolgsherrn nötigenfalls mit der Waffe einzutreten. Der Eid wahrt ganz einseitig die persönlichen Belange des Führers, mit keinem Wort wird auf die res publica hingewiesen. Die Gegner werden auch nicht als hostes (Staatsfeinde) bezeichnet, sondern nur solchen gleichgestellt.“

26. Der Blick des Augustus weitet sich in diesem Kapitel über die Provinzen bis zu den fernen Grenzen des Reichs und über sie hinaus. – Gades ist das heutige Cadiz im südlichen Spanien. – Grenzerweiterungen des römischen Reiches ergaben sich vor allem durch die gallische und cantabrische Expedition des Augustus (27–25), des C. Carrinas gegen die Moriner (28 v. Chr.), des M. Messalla gegen die Aquitaner (27 v. Chr.) und durch die zahlreichen germanischen Feldzüge. – Von den Erfolgen der römischen Waffen in den Westalpen zeugt die heute bis auf wenige Buchstaben verlorene, aber durch Plinius überlieferte Inschrift von Tropaea Augusti (dem heutigen Torbia bei Monaco) auf einem stolzen Monument des Augustus auf dem Joch der Seealpen, das der Kaiser errichtet hat zur Erinnerung an die Unterwerfung aller Alpenvölker von mare superum (Adriatisches Meer) bis inferum (Etrurisches oder Tuscisches Meer). Vgl. Diehl S. 34 und 35. – Die hier genannten Völker des Nordens auf Jütland, Schles-

wig-Holstein und im Gebiet der unteren Elbe schickten Gesandte mit Geschenken und der Bitte um Freundschaft nach Rom gelegentlich des germanischen Feldzugs des Tiberius im Jahre 5 n. Chr. – Äthiopien ist das südlich von Philä am Nil aufwärts gelegene, vom arabischen Meerbusen begrenzte und bis an die Küste des indischen Meeres reichende Land, Arabia Beata oder Felix (griechisch Eudaimon) ist der fruchtbare Küstenstrich Arabiens. – Meroë liegt am oberen Nil, Mariba ist vielleicht Merib im heutigen Yemen, vielleicht ein Platz etwas südlich davon, mit Namen Maryama (Schultz S. 60 Anm. 3 und 4).

27. In diesem Kapitel spricht Augustus von der Einverleibung des dem rächenden Rom verfallenen Ägypten nach der Besiegung des Antonius in der Schlacht bei Aktium, von der großmütigen Behandlung Großarmeniens, das Augustus wiederholt einheimischen Königen überließ, und von der Rückgewinnung verloren gegangener Gebiete. – Die Einverleibung Ägyptens erfolgte 30 v. Chr. – Nach der Ermordung des römerfeindlichen Königs Artaxes von Armenia maior wurde auf Befehl des Augustus der jüngere Bruder Tigranes II., Sohn des Artavasdes, von dem gegen Armenien marschierenden Tiberius feierlich gekrönt 20 v. Chr. (Diehl S. 36—37). – Die östlichen Provinzen sowie Kyrene wurden zur gleichen Zeit wie Ägypten im Jahre 30 v. Chr. wiedergewonnen, Sardinien fiel 38, Sizilien 36 v. Chr. im Kriege gegen Sextus Pompeius an Octavian.

28. In Kapitel 28 kommt Augustus ein drittes Mal (vgl. Kap. 3 und 15) auf die Militärkolonien zu sprechen, nun aber ausführlich davon, daß er sie in zehn Landschaften des Westens und Ostens deduziert, daß Italien allein 28 auf seine Veranlassung deduzierte Kolonien habe, die zu seinen Lebzeiten angesehen und volkreich waren. Hier hebt er hervor, wie er als Kriegsherr für seine altgedienten Soldaten nach großen Leistungen im

Interesse der Herrschaft des römischen Volkes väterlich gesorgt hat. Die Veteranen sollten nunmehr nicht mehr Kämpfer für die pax Romana, sondern Hüter derselben sein. Vgl. Weber S. 205—208.

29. Hier folgt der Bericht über die Rückgewinnung der vor seiner Zeit durch andere Feldherrn verlorenen Feldzeichen römischer Heereskörper. Die während der Bürgerkriege unter Gabinius und Vatinius an die Dalmatier verlorenen Legionsadler wurden 23 v. Chr. dem Kaiser zurückerstattet und nach Rom in die alte octavische Säulenhalle überführt. In den Kämpfen gegen die Söhne des Pompeius, die sich z. T. auf spanischem Boden abspielten, waren an die Eingeborenen ebenfalls Legionsadler verloren gegangen, die erst nach den Siegen im cantabrischen Kriege (um 25 v. Chr.) dem Augustus zurückgegeben wurden. In gleicher Weise hat Augustus, auch wenn keine Kunde durch die Historiker zu uns gekommen, gelegentlich seiner gallischen Reisen und Expeditionen ehemals erbeutete Feldzeichen zurückerhalten. Die von Crassus im Jahre 53 und Antonius im Jahre 40 und 36 v. Chr. verlorenen Feldzeichen wurden im Jahre 20 v. Chr. vom Partherkönig Phraates, der damals um Freundschaft bat, dem in Syrien weilenden Augustus bzw. dessen Beauftragten, dem Tiberius, ausgehändigt. Die Feldzeichen wurden zuerst provisorisch auf dem Kapitol, alsdann im Allerheiligsten des Tempels des Mars Ultor auf dem forum Augustum deponiert (Diehl S. 38—39). So wird der „Rächende Mars", bis dahin Rächer Caesars, nun auch zum Rächer der früheren Niederlagen Roms gegen die Parther (Schultz S. 61 Anm. 1).

30. Der Sprechende blickt hier von Rom aus in die fremde Welt und berichtet von der Unterwerfung der Völker der Pannonier durch Tiberius in den Jahren 12 bis 9 v. Chr., von der Erweiterung Illyricums bis an die untere Donau und von der Besiegung und Vernichtung der Daker 6 n. Chr. Schwere Kämpfe

hatte der Aufstand der Pannonier in den Jahren 6
bis 9 n. Chr. für die Römer verursacht, von denen
hier nichts erwähnt wird. Vgl. Weber S. 210-11. –
Die Daker waren kriegerische Völkerschaften, Stamm-
verwandte der Geten; sie waren gefährliche Nach-
barn der Römer.

31. Im Kapitel 31—33 wird die friedliche Gesinnung der
Weltränder geschildert, wie sie ersichtlich ist im Ka-
pitel 31 aus Gesandtschaften indischer Könige, Bastar-
nern, Skythen, Sarmaten diesseits und jenseits des
Tanais (Don), der Könige der Albaner und Iberer im
Kaukasusgebiet und der Meder im fernen Osten, die
die Freundschaft mit dem römischen Volke erstrebten.
Vgl. Weber S. 214—15. – Die Bastarner waren ein
germanischer Volksstamm an der Donaumündung. Die
Albaner wohnten am Kaspischen Meer, während die
Iberer im heutigen Georgien ansässig waren.

32. Desgleichen spricht Augustus in Kapitel 32 von frem-
den Fürsten, die Roms Freundschaft erstrebten, und
benennt sie großenteils namentlich. Der Name des
suebischen Markomannenfürsten ist nicht erhalten. In
die Lücke im Monumentum Ancyranum paßt etwa ein
Name von der Länge Segimerus. Ein Markomannen-
fürst dieses Namens ist aber nicht bekannt. Aus schwa-
chen Spuren im griechischen Text des Ancyranum
kommt Weber nunmehr zur ersten Silbe „Rad"...
Der Ausgang „rus" ist erhalten. Zu denken wäre an
einen König, der vor Marbod flüchtig sich an Tiberius
wandte. Vgl. Weber S. 259* Nr. 678. – Der alternde
Partherkönig Phraates IV. sandte auf Betreiben einer
ihm von Augustus geschenkten italienischen Sklavin,
die er zur rechtmäßigen Gattin und Königin erhoben
hatte, im Jahre 10 v. Chr. seine vier rechtmäßigen
Söhne nebst Gattinnen und Kindern dem römischen
Statthalter von Syrien, Marcus Titius, um seinem
Lieblingssohne von der Sklavin, Phraataces, die Nach-
folge zu sichern (Diehl S. 41—42).

33. Die Parther und Meder erhalten die erbetenen Könige.
Des Augustus Wirken und der Wille des römischen
Volkes enden also nicht an den festen Grenzen des
Reichs. Roms Erster gibt den Reichen des Ostens als
Könige die Ersten ihrer Völker. So ist Augustus der
E r s t e nicht nur mehr Roms, sondern der Welt (Weber
S. 215—16). – Den durch die Flucht des Phraataces
im Jahre 4 auf 5 n. Chr. erledigten Partherthron be-
setzte Augustus auf Bitten der Parther durch den legi-
timen Prinzen Vonones, den Sohn des Phraates IV.,
Enkel des Orodes, im Jahre 5 n. Chr.

34. Das 6. und 7. Konsulat des Princeps fällt in das Jahr 28
und 27 v. Chr. Zur Allgewalt gelangt überträgt er in
diesem Jahre 28 den Staat aus seiner Amtsgewalt dem
Ermessen des Senats und des Volks. Mit dem Ab-
schluß der Kampfzeit, dem Erlöschen der Bürgerkriege,
mit der vollzogenen Rache für den Vater ist auch das
Ende aller Ausnahmeordnungen gekommen; die Wiederherstellung des alten Gefüges des Staats ist die Folge
(Weber S. 218). Dieser freiwillige Verzicht auf die Mon-
archie trägt ihm die höchsten Ehrungen des Senats und
Volkes ein, es wird ihm der Ehrenname AUGUSTUS
= der Erhabene zuteil, der sein Beiname wird, den
er im Testament den Seinen vererbt. Die ihm erteilten
Ehrungen, die hier genannt werden, sind eine Huldi-
gung vor dem julischen Blut und Symbol zugleich.
Denn er war der Sieger, der Retter der Bürger, der
vir Romanus (Weber S. 220 und Volkmann, Der Prinzipat des Augustus, S. 23). – Auctoritas bedeutet Urheberschaft, Ansehen, Geltung, Einfluß, hier Machteinfluß, autoritärer Einfluß. Volkmann (Der Prinzipat
des Augustus S. 28) umreißt den Begriff auctoritas
also: ,,Den Überschuß an Macht, über den Augustus
nun einmal verfügte, bezeichnet er als auctoritas. Auctoritas als eine der Persönlichkeit eigene Eigenschaft
offenbart sich in dem Einfluß, den ein in irgendeinem
Fachgebiet des Privatlebens anerkannter Privatmann

wegen seiner Erfahrung, seines Alters oder sonstiger
Vorzüge mit Zustimmung der anderen ausübt. Kraft
solcher auctoritas kann auch ein Privatmann an staatlichen Belangen tätigen Anteil gewinnen. Männer von
solchem autoritären Einfluß auf Mitbürger und Senat
fanden sich zu allen Zeiten in der Republik, ohne daß
überzeugte Republikaner gegen ihr Wirken etwas ein-
zuwenden wußten. Die höchste auctoritas besaß der
Senat, dessen ‚Wohlmeinung' die staatsrechtlich an
seine Beschlüsse nicht gebundenen Magistrate zu be-
folgen pflegten. Wenn Augustus sich nun auf seine
auctoritas beruft, so knüpft er mit diesem Hinweis
aufs glücklichste an die römische Tradition an, und
doch erhebt er sich in der Art seiner auctoritas über
alle anderen Träger dieser Eigenschaft. Seine, des Augustus auctoritas, beruht nämlich nicht mehr auf form-
loser Anerkennung der Mitbürger, sondern ist nach-
weisbar durch Senatsbeschlüsse aus den ersten Jahren
des Prinzipats auch staatsrechtlich gewährleistet. Der
Senat sah ausdrücklich davon ab, dem Manne der
höchsten auctoritas gegenüber seine eigene geltend zu
machen." Am eingehendsten behandelt den Begriff
auctoritas Weber in Princeps I S. 219—222. Er kommt
zu der Anschauung, daß dadurch Augustus als der „aus
schöpferischer Kraft zeugerisch wirkende Mann" ge-
kennzeichnet werde, der an „Geltung", an „weiter-
gehender Vollmacht und Befehlsgewalt" alle überragte,
an „Ansehen" die Bürger, an „Autorität" den Senat
übertraf. Er sei damit als der „Urheber und Gestalter
des neuen Lebens überhaupt" dokumentiert. Es sei
auctoritas jene „Urkraft, die von den Göttern stammte, im julischen Geschlecht sich offenbarte, diesen Julier
zum Retter der Gemeinschaft, zum Erhabenen und
Pater Patriae wie Romulus, seinen Urahn, machte und
zum Urheber des novus status, der der optimus, der
felicissimus war". In seiner Übersetzung des Monumentum Ancyranum (Neue Propyläen-Weltgeschichte

Band I) gibt Weber demnach auctoritas mit dem Ausdruck „wirkender Schöpferkraft" wieder.

35. Im Jahre 2 v. Chr. (13. Konsulat) wird ihm vom Senat, Ritterstand und Volk in seiner Gesamtheit die höchste Ehre erwiesen, er erhält den Ehrentitel PATER PATRIAE, der ebenfalls wie der Ehrenname Augustus inschriftlich verewigt wurde. Hier bemerkt Weber S. 222: „Wie der pater familias (Hausvater) die patria potestates (väterliche Gewalt) im Hause ausübt und was ihm als religiös tief begründeter Anspruch an Verehrung zukommt, so gehört dem Pater Patriae mit der Urheberschaft auch die Gewalt und Sorge für die Gemeinschaft und alle schuldige Ehrfurcht. Sie gehört ihm auf Erden wie die im Universum dem die Welt regierenden höchsten Gott."

In vier Abschnitten gibt die Appendix (Anhang) des Monumentum Ancyranum eine Zusammenfassung der Aufwendungen des Augustus an Geld, seiner Neubauten und Wiederherstellungen von älteren Bauwerken, seiner Ausgaben für Schauspiele, für die Militärkolonien, für bedrängte Städte und Privatpersonen. Diese Zusammenstellung fußt auf den Kapiteln 15—24 der Res gestae und stammt wohl von dem Nachfolger des Kaisers, Tiberius, der seinem Vater das Denkmal vor dem Mausoleum aufstellte, und von Rom aus wurde auch dieser Anhang mit nach Ancyra übermittelt. Das Monumentum Antiochenum weist den gleichen Anhang auf.

LITERATURANGABE

An Literatur über die Res gestae Divi Augusti nenne ich die ausführlichen Angaben der französischen Ausgabe von Gagé, Paris 1935, S. 61—69, der italienischen Ausgabe von Barini, Rom 1937, S. XIII bis XVI, und meine Dissertation S. 3—4: Gottanka, Suetons Verhältnis zu der Denkschrift des Augustus

(Monumentum Ancyranum), München 1904. Hier seien nur die Ausgaben und Hilfswerke vermerkt, die ich besonders verwendet oder zitiert habe: Mommsen, Th., Res gestae Divi Augusti iterum cum tabulis undecim, Berlin 1883. – Ramsay, William Mitchell, und von Premerstein, Anton, Monumentum Antiochenum, Leipzig 1927. – Diehl, Ernst, Res gestae Divi Augusti, 4. Auflage, Bonn 1925. – Volkmann, Hans, Res gestae divi Augusti, Leipzig 1942. – Volkmann, Hans, Der Prinzipat des Augustus (Neue Jahrbücher für Antike und deutsche Bildung 1938). – Weber, Wilhelm, Princeps. Studien zur Geschichte des Augustus, Bd. I, Stuttgart-Berlin 1936. – Schede, M. und Schultz, H., Ankara und Augustus, Berlin 1936. – Schuster, Mauriz, Der Tatenbericht des Kaisers Augustus (Monumentum Ancyranum), Wien 1940.

INHALT

91

DIE TUSCULUM-BÜCHER
Antike Autoren im Urtext mit deutscher Übertragung

Aesopische Fabeln
ed. Hausrath, 152 S. Ln. RM 4.-

Aischylos: *Die Perser*
ed. Lange. 104 Seit. Ln. RM 3.-

(Aland): *Das Evangelium*
320 Seiten. Leinen RM 6.-

Alkiphron: *Hetärenbriefe*
ed. Plankl. 100 Seit. Ln. RM 3.-

Apuleius-Musaios: *Amor-Psyche*
Hero-Leander 144 S. Ln. RM 4.-

Aristoteles: *Biologische Schriften*
ed. Balss. 304 S. H Lein. 4.50

Catull: *Sämtliche Gedichte*
ed. Schöne. 200 S. Lein. RM 4.50

Cicero: *Meisterreden*
ed. Horn-Siegert. 348 S. L. RM 6.-

(Düll): *Corpus Juris*
260 Seiten. Leinen RM 5.50

Euripides: *Medea*
ed. Lange. 120 S. Ln. RM 3.50

(Geist): *Wandinschriften*
108 Seiten. Leinen RM 3.70

(Heimeran): *Antike Weisheit*
152 Seiten. Leinen RM 4.-

(Hofmann): *Antike Briefe*
144 Seiten. Leinen RM 4.-

Horaz: *Oden und Epoden*
ed. Burger. 296 Seit. Ln. RM 5.-

Horaz: *Satiren und Briefe*
ed. Schöne. 400 S. Ln. RM 5.50

Lukian: *Tod des Peregrinos*
ed. Nestle. 56 Seit. Ln. RM 2.-

Martial: *Sinngedichte*
ed. Rüdiger. 284 S. Ln. RM 5.50

(Müri): *Arzt im Altertum*
216 Seiten. Leinen RM 4.50

Ovid: *Briefe der Leidenschaft*
ed. Gerlach. 320 S. Ln. RM 5.50

Ovid: *Liebeskunst*
ed. Burger. 240 Seit. Ln. RM 5.-

Petron: *Trimalchio*
ed. Hoffmann. 176 S. Ln. RM 4.50

Plato: *Gastmahl*
ed. Boll. 160 S. Ln. RM. 3.—

Plutarch: *Liebe und Ehe*
ed. Sieveking. 184 S. Ln. RM 4.50

(Reutern): *Hellas*
288 Seiten. Leinen RM 5.50

(Rüdiger): *Griechische Gedichte*
368 Seiten. Leinen RM 5.-

(Rüdiger): *Lateinische Gedichte*
340 Seiten. Leinen RM 5.50

Sallust: *Catilina*
ed. Schöne. 128 S. Ln. RM 3.50

Sappho: *Gedichte*
ed. Rupé. In Vorbereitung

(Scheffer): *Froschmäusekrieg*
64 Seiten. Leinen RM 2.-

(Snell): *Sieben Weise*
184 Seiten. Leinen RM 4.-

Solon: *Dichtungen*
ed. Preime. 68 S. Ln. RM 2.50

Sophokles: *Antigone*
ed. Barthel. 122 S. Ln. RM 3.50

Tacitus: *Germania*
ed. Ronge. 126 S. Ln. RM 3.80

Tacitus: *Die Römer in England*
ed. Sieveking. 224 Seiten.
Gebunden RM 3.50

Theophrast: *Charaktere*
ed. Plankl. 88 S. H Ln. RM 2.50

Tibull: *Elegien*
ed. Fraustadt. 144 S. Ln. RM 4.-

Walthari
ed. Ronge. 108 S. Ln. RM 3.30

Stand vom Winter 1944. Mehrere Bände vergriffen

H. Laupp jr, Tübingen